青少年口语表达教程
丛书编委会

主任 王 壬　徐志刚

主编 丁龙江

编委（以姓氏笔画为序）

丁龙江　王 壬　邓 迪　刘 婷

陈 鑫　郝允溪　胡又红　赵闻博

徐志刚　徐洁琼　贾小玉　贾洁卿

黎 艳

青少年口语表达教程

（第2册）

小学二年级学生适用

主编 丁龙江

中国传媒大学出版社
·北京·

前　言

　　著名魔幻现实主义作家马尔克斯说过："生命的真谛不是你活过多少，而是你能记住和描述多少。"这句话对于口语传播教育工作者颇有启发。

　　在中国通行的青少年语言教育里，中小学语文课侧重于文字的听说读写等基本功的训练，课外常见的朗诵教学和普通话教学也大多是在有稿播读的范畴内将文稿内容进行有声语言的再创作，这样培养出来的口语才能偏重于文学、艺术学和语言学，甚至仅仅满足于各类比赛和考试的才艺展示，却无法给青少年口语交际能力打下扎实的基础，无法让他们在自我表达、人际交往、社会互动中提升口才，进而实现有效的口语传播。套用马尔克斯的话来解释就是：你不能记住和描述给别人，你的生命体验只会停留在人际鸿沟的此岸。

　　长期以来，中国传媒大学为国家各级媒体培养了一大批播音员主持人等高规格的口语传播人才，积累了丰厚的理论知识和丰富的教学经验，是国内高校口语传播教育的标杆。我们在选拔和培养口

语人才的过程中也发现，我国青少年口语传播能力与国际同龄人群相比偏低，有的甚至在语言发展的早期就缺失了一些极为重要的有声语言感知、表达能力，这让我们感到痛心，期待着能有机会、有能力把我国的口语传播教育从高等教育阶段下移到青少年时期，从头补足和提升中国人的口语传播能力。

今年（2016年）年初有一个在语言教育圈子里流传甚广、反响很大的微信公众号文章，叫《记忆的科学》，该文章是清华大学教授鲁白的研究成果。我们都知道，在人脑的记忆能力里，情节记忆也叫作场景记忆，是用来记住在一定的时间和空间当中的事务和情节的。鲁白教授领导的团队研究发现：对情节记忆影响很大的是一种被称为脑源性神经营养因子的物质BDNF，它分为V型和M型，前者比后者具有较高的情节、场景记忆能力，西方人80%携带V型BDNF，20%携带M型，而中国人则高达50%人口携带M型的脑源性神经营养因子，简单说就是：相较于西方人，中国人整体的情节记忆、场景记忆能力要低30%！

这样的研究成果让我们更加坚定了一个信念：必须尽快把中国传媒大学长期以来在广播电视领域培养高规格口语传播人才的成功经验下沉到青少年口语传播能力培养中去，从小学到高中进行为期十二年的伴随式精心打造，弥补国人从小在情节记忆、场景记忆上的先天不足，提升、完善与口语传播有关的信息捕捉、思维反应、口语表达等全流程的综合素养，从基础做起，全面提升中国人的口语传播能力。

经过精心准备，我们团队以教育部语文教学大纲为线索策划和

编制了这套《青少年口语表达教程》，希望在四个方面做出特点：

一、"三轨并进"知识体系根植于中国传媒大学播音主持艺术学院理论研究成果。

这套教材在每一课都采用"吐字发声""语言表达""即兴口语"三轨并进的课程布局，以期全面提升青少年的口语传播水平。"吐字发声""语言表达""即兴口语"是长期以来中国传媒大学在培养高规格的播音主持人才口语传播能力过程中积累下来的理论成果，对中国和世界口语传播教育都有借鉴意义。

二、"三商并提"培养目标来源于中国传媒大学播音主持艺术学院高规格人才培养定位。

我们培养的口语传播人才，不仅要在语言学范畴下能说一口标准而圆润的普通话，而且要在艺术学视野里具备直指人心的朗诵/朗读能力、给人带来艺术的感染力，更重要的是还得在传播学的场域里表现出高超的说服、沟通能力和口语传播技巧，在语商、智商、情商三个维度上都能够得到同步提高。

三、"三环紧扣"教学方法借鉴自中国传媒大学播音主持艺术学院小课教学经验。

口语传播教育只有在知识、示范、矫正三个环节上紧密相扣才能取得满意的教学效果，这是中国传媒大学播音教育小课式教学的特点，也是这套《青少年口语表达教程》的教学设计基本模式。教材里的每一课、每一轨内容都再细分为基本概念、示范阐释、训练目标三个教学模块，就是为了让教师在知识点的引领下三环紧扣进行具体示范，在示范、模仿的基础上使青少年达到训练目标、提高

口语能力。

四、"三步齐走"语言能力可以适用于最高难度的广播电视传播。

依据这套教材培养出的青少年口语传播能力将会达到一个较高的水准，这已经被中国传媒大学播音主持艺术学院半个多世纪以来的人才培养成果所证明。值得专门提出的是，我们这套教材是从青少年的语言形成机制入手，不仅分层级培养他们的信息获取能力、提高他们的素材调取速度、提升他们的口语表达精度，而且逐步实现三步并作一步走，让他们边看（听）边想边说一气呵成，依据传播场景需要即席成篇。

我们有理由相信，经过十二年的浸润和精心培养，一定可以打造出在思维反应和口语传播能力方面均属上乘的口语传播人才，让青少年不仅可以用口语塑造自己良好的社会形象、用口语增进社会交流，而且可以用口语传播中华民族文化。

在人际网格里，只有高效的口语传播，才能将你的生命体验送达人际鸿沟的彼岸。

目 录

第一课　/ 001

一、语音发声　/ 001
（一）声韵调配合　/ 001
（二）同声韵音节四声训练　/ 001
（三）训练节节高　/ 002

二、语言表达　/ 003
（一）情景再现　/ 003
（二）学生乐园　/ 003
（三）训练节节高　/ 004

三、即兴口语——色彩描述　/ 004
（一）色彩与光源　/ 004
（二）学生乐园　/ 005
（三）训练节节高　/ 005

第二课　/ 006

一、语音发声　/ 006
（一）双音节词组词训练　/ 006
（二）训练节节高　/ 007

二、语言表达　/ 008
（一）情景再现　/ 008
（二）学生乐园　/ 008
（三）训练节节高　/ 009

三、即兴口语——色彩描述　/ 009

（一）三原色、七色光、十二色相　/ 009
（二）学生乐园　/ 009
（三）训练节节高　/ 010

第三课　/ 011

一、语音发声　/ 011
（一）三音节词语训练　/ 011
（二）训练节节高　/ 012

二、语言表达　/ 012
（一）情景再现　/ 012
（二）学生乐园　/ 012
（三）训练节节高　/ 013

三、即兴口语——色彩描述　/ 013
（一）红色调　/ 013
（二）学生乐园　/ 014
（三）训练节节高　/ 014

第四课　/ 015

一、语音发声　/ 015
（一）四字词语训练　/ 015
（二）训练节节高　/ 016

二、语言表达　/ 016

　　（一）情景再现　/ 016
　　（二）学生乐园　/ 016
　　（三）训练节节高　/ 018
三、即兴口语——色彩描述　/ 018
　　（一）橙色调　/ 018
　　（二）学生乐园　/ 018
　　（三）训练节节高　/ 019

第五课　/ 020

一、语音发声　/ 020
　　（一）五音节以上词句训练　/ 020
　　（二）训练节节高　/ 021
二、语言表达　/ 021
　　（一）情景再现　/ 021
　　（二）学生乐园　/ 021
　　（三）训练节节高　/ 022
三、即兴口语——色彩描述　/ 023
　　（一）黄色调　/ 023
　　（二）学生乐园　/ 023
　　（三）训练节节高　/ 023

第六课　/ 024

一、语音发声　/ 024
　　（一）口腔控制——字头出字　/ 024
　　（二）声母与单元音韵母拼合　/ 024
　　（三）训练节节高　/ 025
二、语言表达　/ 025

　　（一）情景再现——情感的引发　/ 025
　　（二）学生乐园　/ 025
　　（三）训练节节高　/ 026
三、即兴口语——色彩描述　/ 027
　　（一）绿色调　/ 027
　　（二）学生乐园　/ 027
　　（三）训练节节高　/ 027

第七课　/ 028

一、语音发声　/ 028
　　（一）声母与不同唇形单元音拼合 / 028
　　（二）训练节节高　/ 028
二、语言表达　/ 029
　　（一）情景再现——情感的强化 / 029
　　（二）学生乐园　/ 029
　　（三）训练节节高　/ 030
三、即兴口语——色彩描述　/ 031
　　（一）蓝色调　/ 031
　　（二）学生乐园　/ 031
　　（三）训练节节高　/ 031

第八课　/ 032

一、语音发声　/ 032
　　（一）同声母双音节词语　/ 032
　　（二）训练节节高　/ 033
二、语言表达　/ 033
　　（一）情景再现——情感的触发 / 033

（二）学生乐园 / 033

（三）训练节节高 / 034

三、即兴口语——色彩描述 / 035

（一）紫色调 / 035

（二）学生乐园 / 035

（三）训练节节高 / 035

第九课 / 036

一、语音发声 / 036

（一）零声母音节吐字 / 036

（二）训练节节高 / 037

二、语言表达 / 037

（一）逻辑感受 / 037

（二）学生乐园 / 037

（三）训练节节高 / 039

三、即兴口语——色彩描述 / 039

（一）暖色 / 039

（二）学生乐园 / 039

（三）训练节节高 / 040

第十课 / 041

一、语音发声 / 041

（一）诗歌综合练习 / 041

（二）训练节节高 / 042

二、语言表达 / 042

（一）逻辑感受——递进关系 / 042

（二）学生乐园 / 043

（三）训练节节高 / 044

三、即兴口语——色彩描述 / 044

（一）冷色 / 044

（二）学生乐园 / 045

（三）训练节节高 / 045

第十一课 / 046

一、语音发声 / 046

（一）口腔控制——字腹立字 / 046

（二）训练节节高 / 047

二、语言表达 / 047

（一）逻辑感受——并列关系 / 047

（二）学生乐园 / 048

（三）训练节节高 / 048

三、即兴口语——色彩描述 / 049

（一）中性色 / 049

（二）学生乐园 / 049

（三）训练节节高 / 050

第十二课 / 051

一、语音发声 / 051

（一）口腔控制——字腹立字 / 051

（二）训练节节高 / 052

二、语言表达 / 052

（一）逻辑感受——并列关系 / 052

（二）学生乐园 / 052

（三）训练节节高 / 053

三、即兴口语——色彩描述 / 053

（一）综合 / 053

（二）学生乐园 / 054

（三）训练节节高 / 054

第十三课 / 055

一、语音发声 / 055

（一）口腔控制——字腹立字 / 055

（二）训练节节高 / 055

二、语言表达 / 056

（一）逻辑感受——转折关系 / 056

（二）学生乐园 / 056

（三）训练节节高 / 057

三、即兴口语——倾听训练 / 058

（一）提出问题 / 058

（二）学生乐园 / 058

（三）训练节节高 / 058

第十四课 / 059

一、语音发声 / 059

（一）口腔控制——字腹立字 / 059

（二）训练节节高 / 059

二、语言表达 / 060

（一）逻辑感受——类比关系 / 060

（二）学生乐园 / 060

（三）训练节节高 / 061

三、即兴口语——线条描述 / 061

（一）水平直线、竖直线 / 061

（二）学生乐园 / 062

（三）训练节节高 / 062

第十五课 / 063

一、语音发声 / 063

（一）口腔控制——字腹立字 / 063

（二）训练节节高 / 064

二、语言表达 / 064

（一）逻辑感受——对比关系 / 064

（二）学生乐园 / 064

（三）训练节节高 / 065

三、即兴口语——线条描述 / 065

（一）斜线 / 065

（二）学生乐园 / 066

（三）训练节节高 / 066

第十六课 / 067

一、语音发声 / 067

（一）口腔控制——字尾归音 / 067

（二）训练节节高 / 067

二、语言表达 / 068

（一）逻辑感受——因果关系 / 068

（二）学生乐园 / 068

（三）训练节节高 / 069

三、即兴口语——线条描述 / 069

（一）对角线 / 069

　（二）学生乐园　/ 069

　（三）训练节节高　/ 070

第十七课　/ 071

　一、语音发声　/ 071

　（一）口腔控制——字尾归音　/ 071

　（二）训练节节高　/ 071

　二、语言表达　/ 072

　（一）逻辑感受——呼应关系　/ 072

　（二）学生乐园　/ 072

　（三）训练节节高　/ 073

　三、即兴口语——线条描述　/ 073

　（一）大曲线、小曲线　/ 073

　（二）学生乐园　/ 074

　（三）训练节节高　/ 074

第十八课　/ 075

　一、语音发声　/ 075

　（一）口腔控制——字尾归音　/ 075

　（二）训练节节高　/ 075

　二、语言表达　/ 076

　（一）逻辑感受——呼应关系　/ 076

　（二）学生乐园　/ 076

　（三）训练节节高　/ 077

　三、即兴口语——方位描述　/ 077

　（一）上下左右前后中　/ 077

　（二）学生乐园　/ 077

　（三）训练节节高　/ 078

第十九课　/ 079

　一、语音发声　/ 079

　（一）口腔控制——字尾归音　/ 079

　（二）训练节节高　/ 080

　二、语言表达　/ 080

　（一）逻辑感受——主次关系　/ 080

　（二）学生乐园　/ 080

　（三）训练节节高　/ 081

　三、即兴口语——方位描述　/ 081

　（一）三个区域：中心区、余光区、边缘区　/ 081

　（二）学生乐园　/ 082

　（三）训练节节高　/ 082

第二十课　/ 083

　一、语音发声　/ 083

　（一）口腔控制——字尾归音　/ 083

　（二）训练节节高　/ 083

　二、语言表达　/ 084

　（一）逻辑感受——总分总关系　/ 084

　（二）学生乐园　/ 084

　（三）训练节节高　/ 085

　三、即兴口语——轮廓描述　/ 085

　（一）轮廓　/ 085

　（二）学生乐园　/ 085

（三）训练节节高 / 086

第二十一课 / 087

一、语音发声 / 087
（一）呼吸控制 / 087
（二）腹肌弹发和膈肌弹发训练 / 087
（三）训练节节高 / 088

二、语言表达 / 088
（一）逻辑感受——总分总关系 / 088
（二）学生乐园 / 088
（三）训练节节高 / 090

三、即兴口语——综合描述 / 090
（一）图片 / 090
（二）学生乐园 / 091
（三）训练节节高 / 091

第二十二课 / 092

一、语音发声 / 092
（一）呼吸控制 / 092
（二）慢吸慢呼训练 / 092
（三）训练节节高 / 093

二、语言表达 / 093
（一）逻辑感受——总分关系 / 093
（二）学生乐园 / 093
（三）训练节节高 / 094

三、即兴口语——倾听训练 / 095
（一）提出问题 / 095

（二）学生乐园 / 095
（三）训练节节高 / 095

第二十三课 / 096

一、语音发声 / 096
（一）呼吸控制 / 096
（二）快吸快呼训练 / 096
（三）训练节节高 / 097

二、语言表达 / 097
（一）逻辑感受——总分关系 / 097
（二）学生乐园 / 097
（三）训练节节高 / 098

三、即兴口语——聚敛思维 / 099
（一）求同法 / 099
（二）学生乐园 / 099
（三）训练节节高 / 099

第二十四课 / 100

一、语音发声 / 100
（一）喉部控制——音高变化训练 / 100
（二）训练节节高 / 100

二、语言表达 / 100
（一）逻辑感受——分总关系 / 100
（二）学生乐园 / 101
（三）训练节节高 / 101

三、即兴口语——聚敛思维 / 102

（一）求异法 / 102
（二）学生乐园 / 102
（三）训练节节高 / 102

第二十五课 / 103

一、语音发声 / 103

（一）喉部控制——虚实对比练习 / 103

（二）训练节节高 / 103

二、语言表达 / 103

（一）整体感受 / 103

（二）学生乐园 / 104

（三）训练节节高 / 104

三、即兴口语——聚敛思维 / 105

（一）同异并用法 / 105

（二）学生乐园 / 105

（三）训练节节高 / 105

第二十六课 / 106

一、语音发声 / 106

（一）共鸣控制 / 106

（二）训练节节高 / 106

二、语言表达 / 107

（一）整体感受 / 107

（二）学生乐园 / 107

（三）训练节节高 / 108

三、即兴口语——聚敛思维 / 109

（一）追问法 / 109

（二）学生乐园 / 109

（三）训练节节高 / 109

第二十七课 / 110

一、语音发声 / 110

（一）共鸣控制 / 110

（二）训练节节高 / 110

二、语言表达 / 111

（一）整体感受 / 111

（二）学生乐园 / 111

（三）训练节节高 / 112

三、即兴口语——倾听训练 / 113

（一）阐释内容 / 113

（二）学生乐园 / 113

（三）训练节节高 / 113

第二十八课 / 114

一、语音发声 / 114

（一）综合练习——双词练习 / 114

（二）训练节节高 / 114

二、语言表达 / 115

（一）整体感受 / 115

（二）学生乐园 / 115

（三）训练节节高 / 116

三、即兴口语——副语言 / 116

（一）对话时的距离 / 116

（二）学生乐园 / 117

（三）训练节节高 / 117

第二十九课 / 118

一、语音发声 / 118

（一）综合练习——四字词练习 / 118

（二）训练节节高 / 119

二、语言表达 / 119

（一）整体感受——语感 / 119

（二）学生乐园 / 119

（三）训练节节高 / 120

三、即兴口语——副语言 / 121

（一）综合 / 121

（二）学生乐园 / 121

（三）训练节节高 / 121

第三十课 / 122

一、语音发声 / 122

（一）综合练习——诗歌练习 / 122

（二）训练节节高 / 122

二、语言表达 / 123

（一）整体感受 / 123

（二）学生乐园 / 123

（三）训练节节高 / 124

三、即兴口语——倾听训练 / 125

（一）阐释内容 / 125

（二）学生乐园 / 125

（三）训练节节高 / 125

后　记 / 126

第一课

一、语音发声

（一）声韵调配合

普通话音节拼合就是声母韵母的拼合，再加上声调。三者在配合时需要分辨声母发音部位、韵母的唇形以及调值是否准确且合乎语流音变的要求。

（二）同声韵音节四声训练

双唇音：

ba	巴	拔	把	罢
po	坡	婆	叵	破
miao	喵	苗	秒	妙

唇齿音：

| fang | 方 | 房 | 仿 | 放 |

舌尖中音：

di	低	敌	底	弟
tong	通	同	统	痛
nian	拈	年	捻	念
liu	溜	刘	柳	六

舌根音：

gu　　姑　古　顾

ke　　科　咳　可　课

han　　酣　含　喊　汉

舌面音：

ju　　居　局　举　锯

qing　　青　情　请　庆

xiang　　香　详　想　象

舌尖后音：

zhi　　知　直　止　至

cheng　　称　成　逞　秤

shen　　申　神　沈　甚

ru　　如　乳　入

舌尖前音：

zuo　　昨　左　做

cun　　村　存　忖　寸

sui　　虽　随　髓　岁

（三）训练节节高

通过同声韵音节四声练习，让学生体会在同一声母起头的情况下，韵母与声调是如何配合发音的。

练习： bai　　掰　白　摆　拜

　　　　 jia　　家　夹　甲　架

　　　　 quan　　圈　全　犬　劝

二、语言表达

（一）情景再现

有声语言表达是对文本的二度创作，文本中的人物、事件、情节、场面、景物、情绪等，在表达者的脑海里应该像放电影那样，将情景再现出来，形成连续的活动的画面。

（二）学生乐园

秋天的原野
——人教版小学语文同步阅读二年级上册

秋天来临了。

天空像一块覆盖在大地上的蓝宝石。村外那个小池塘睁着眼睛，凝望着这美好的天色。一对小白鹅侧着脑袋欣赏自己映在水里的影子。

山谷里枫树的叶子，不知道是不是喝了很多的酒，红得像一团火焰似的。

村前村后的稻子，低头弯腰，在秋风中默默地等待着人们去收割。

半空中，排成"人"字形的雁群，"咿咿呀呀"地唱着歌，告别人们，向天边慢慢飞去。

边想边说

像电影画面一样,文章中的画面和场景经过剪辑处理,我们仿佛可以"看见"天空的蓝、小池塘的透亮、小白鹅可爱的身姿。这一个个画面,景别不同,由大到小,由远及近,由抽象到具体,在我们的脑海中一一展现。你能把自己想到的对秋天的感受用语言表达出来吗?

（三）训练节节高

在《青少年口语表达教程》（第1册）中我们学习了有声语言在处理轮廓、方位、距离、形状时所需要进行的口腔、气息、喉部状态的调整。在运用这些技巧的同时,我们在朗读上文的过程中,对有声语言的处理要做到由心而发,积极地调动自己的情感状态,跟随文章的内容不断变化,从而使有声语言在语音、调值规范的基础上,和内心活动融合成一个整体。

三、即兴口语——色彩描述

（一）色彩与光源

没有光便没有色彩,人们凭借光来辨别物体的色彩和形状,从而获得对客观世界的认识。光的来源可以分为两大类:一类是自然光,如日光、月光、荧光等;一类是人造光,如灯光、火光、电焊光等。每种光都有各自的色彩特征,如阳光在早晨、中午、傍晚的色彩各不相同;灯光中荧光灯、白炽灯、霓虹灯,火光中炉火光、烛光等的色彩也不一样。

（二）学生乐园

请描述下面两幅图，说清楚它们分别是哪种光？

（三）训练节节高

1. 多留心观察生活中常见光源构成的场景，感受这些色彩和光源给你的感觉，总结这些光源会在哪里出现，它们有哪些共同点。

2. 尽可能多地列举生活中由各种光源构成的场景，并将它们描述出来。

第二课

一、语音发声

（一）双音节词组词训练

1.阴阴

灯光　工商　丰收　鲜花　征婚　操心

2.阴阳

森林　飘扬　经营　征程　发言　坚决

3.阴上

焦点　珠海　发展　根本　争取　资产

4.阴去

通讯　观众　天籁　尊敬　尖锐　经济

5.阳阴

联播　节约　财经　平安　长江　营私

6.阳阳

红旗　余额　全员　行情　题材　灵活

7.阳上

门槛　节俭　全体　情感　遥远　难免

8.阳去

文件　权利　同志　盘踞　防范　然后

9.上阴

北京　组装　指标　减轻　统一　总监

10.上阳

启程　考察　谴责　主持　警察　统筹

11.上上

领导　友好　引起　主导　舞蹈　北海

12.上去

想象　广泛　土地　简讯　举例　广大

13.去阴

贵宾　竞争　正宗　创新　卫星　健康

14.去阳

杜绝　未来　照明　地球　政权　素食

15.去上

确保　剧本　日本　秀美　特写　运转

16.去去

电视　议论　路线　示范　岁月　配乐

（二）训练节节高

通过双音节词语训练，让学生体会不同声调在进行排列组合时声母韵母互相配合的关系。注意语流音变中的上声变调和去声变调。

练习：老师　打算　小雨　内陆

二、语言表达

（一）情景再现

在朗诵者头脑中形成的连续画面常会带有其本人的感受、态度、情感以及对文章的理解，同时还带有文章本身所蕴含着的作者的感受、态度、感情。

（二）学生乐园

黄山奇石

黄山奇石
——人教版小学语文课本二年级上册

闻名中外的黄山风景区，在我国安徽省的南部。那里景色秀丽神奇，尤其是那些怪石，有趣极了。

就说"仙桃石"吧，它好像从天上飞下来的一个大桃子，落在山顶的石盘上。

在一座陡峭的山峰上，有一只"猴子"。它两只胳膊抱着腿，一动不动地蹲在山头，望着翻滚的云海。这就是有趣的"猴子观海"。

"仙人指路"就更有趣了！远远望去，那巨石真像一位仙人站在高高的山峰上，伸着手臂指向前方。

每当太阳升起，有座山峰上的几块巨石，就变成了一只金光闪闪的雄鸡。它伸着脖子，对着天都（dū）峰不住地啼叫。不用说，这就是著名的"金鸡叫天都"了。

黄山的奇石还有很多，像"天狗望月""狮子抢球""仙女弹琴"……那些叫不出名字的奇形怪状的岩石，正等你去给它们起名字呢！

我们所想象的画面和内心的情感是有关联的，带有我们自己的思考。而文章的作者在写这篇文章的时候，也和我们朗诵一样，带入了大量的情感和思考。这就需要将两者结合起来，既坚持作者写作的主题、目的、基调，又积极地将我们自己的感受、态度、情感投入进去。

（三）训练节节高

朗诵这篇文章时，注意情景再现的四个步骤：理清头绪、设身处地、触景生情、现身说法。尤其是在触景生情部分，我们朗诵时应思考作者在写作时有怎样的心境和情感，同时试着想象一下，如果我们自己去爬黄山会有怎样的感受，找出两者的相同和不同。

三、即兴口语——色彩描述

（一）三原色、七色光、十二色相

原色——色彩中不能再分解的基本色称为原色，原色可以合成其他的颜色。三原色——色光的三原色是红、绿、蓝，颜料的三原色是红（品红）、黄（柠檬黄）、青（湖蓝）。七色光——指太阳光经过三棱镜折射后形成的红、橙、黄、绿、青、蓝、紫七色光谱。十二色相——按光谱顺序排列为：红、橙红、橙黄、黄、黄绿、绿、绿蓝、蓝绿、蓝、蓝紫、紫、红紫。

（二）学生乐园

请说出下面三幅图中，哪个是三原色？哪个是七色光？哪个是十二色相环？

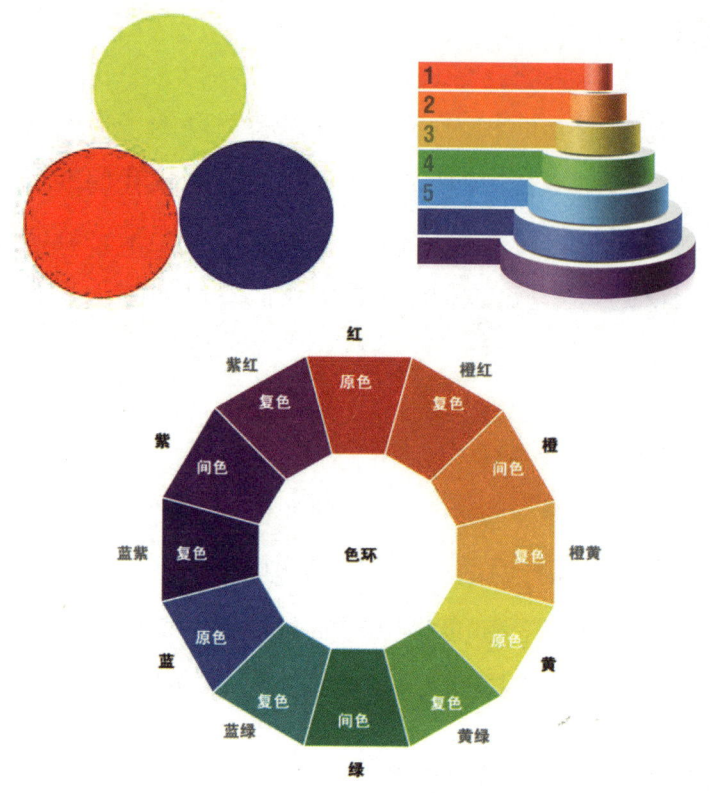

（三）训练节节高

1. 请识记我们刚才所学的三原色、七色光、十二色相。
2. 请描述下面这幅图中都有哪些颜色，说得越细致越好。

第三课

一、语音发声

（一）三音节词语训练

在生活中，普通话三音节词使用得很多，这些词语在声、韵、调配合时，需要注意音节与音节之间的流畅及过渡，声调也要遵循语流音变的规律和轻重格式的要求。

中中重：

电视机　红楼梦　松花江　招待会　劳动节　收音机
天安门　共青团

中重轻：

卖关子　打冷战　硬骨头　小姑娘　撑门面　背地里
胡萝卜　牛脾气

中轻重：

保不齐　小不点　大不了　动不动　对不起　生意经
冷不防　数得着

三上相连：

1. 当词语结构是"双单格"时，前两个音节变阳平。

展览馆　选举法　洗脸水　打靶场　管理组　手写体

2. 当词语结构是"单双格"时，开头音节常常是被强调的逻辑重音，读半上，中间音节变阳平。

党小组　冷处理　小两口　纸老虎　小拇指　老保守

（二）训练节节高

通过三音节词语训练，让学生体会到声、韵、调的配合要符合语流音变的要求；相应地，声母发音力度、韵母拉开程度、声调调值也都会发生变化。要做到过渡自然，符合表达需要。

练习："小组长"是何种格式？如何读？

二、语言表达

（一）情景再现

朗诵者在理解和感受文本的过程中，不但要感受到其中的形象——景，还要感受到其中的神采——情，从而达到情景交融的境界。

（二）学生乐园

赠刘景文

苏　轼

荷尽已无擎雨盖，
菊残犹有傲霜枝。
一年好景君须记，
正是橙黄橘绿时。

边想边说

上面这首诗借景物来抒发对刘景文的赞美之情，所以在朗诵的时候，不应仅仅表达对美景的欣赏，还有对一个人品格的赞叹。第二句中的"犹有傲霜枝"的"傲"在朗诵时要单拎出来，作重音处理，后声腔打开，语势高起来，软腭有力挺起，字腹拉开，归音到位，显出挺拔、倔强、傲骨铮铮的气概。

（三）训练节节高

山　行

杜　牧

远上寒山石径斜，白云生处有人家。
停车坐爱枫林晚，霜叶红于二月花。

想一想这首诗里的景与情是如何交融的？哪里是情感体现的高潮部分？在朗诵这首诗时，有哪些凸显情感的重点词语？在有声语言表达上需要作怎样的处理？

三、即兴口语——色彩描述

（一）红色调

红色代表能量，同时也能让人产生一种亲近感。红色往往会使事物更加突出，让人感到充满激情。

（二）学生乐园

描述下面的图片，试着说出下图中分别有哪些红色？

（三）训练节节高

1. 上面11幅图的颜色从左到右分别是大红、玫瑰红、朱红、桃红、土红、洋红、曙红、胭脂红、牡丹红、妃红、橙红，学生要能清楚地认识这些红色。

2. 让学生多留心观察生活中常见的由红色系构成的场景，感受这些红色系给你的感觉，总结红色系都会出现在哪里，它们有什么共同点。

第四课

一、语音发声

（一）四字词语训练

四字词语在汉语中比较常见，被大量运用于说话、文章中。它包括自由四字词和固定四字词。自由四字词语不同于固定四字词语，它们是可以随意拆散、随意组合的。

中重中重格式：

大部分具有联合关系的四字格式成语及少量其他结构关系的四字格式成语要读作中重中重格式。

丰衣足食　日积月累　轻歌曼舞　心平气和　友谊第一
五光十色　天灾人祸　年富力强　耳濡目染　花好月圆

中轻中重格式：

大部分四音节的专有名词、叠音形容词和象声词要读作中轻中重格式。其中，四音节专有名词的第二音节只比第一音节稍轻，不可失去原声调。

社会主义　集体经济　化学工业　巴黎公社　南京大学
最后通牒　奥林匹克　高高兴兴　模模糊糊　亮亮堂堂

重中中重格式：

大部分具有修饰与被修饰、陈述与被陈述和支配与被支配关系的四字格式成语及一三格式组成的成语要读作重中中重格式。

惨不忍睹　义不容辞　敬而远之　诸如此类
相形之下　一扫而空　心如刀割　美不胜收

（二）训练节节高

练习四字词语的声韵调时要体会到，这些词语的发音不是单个字音一个挨着一个单独发出的，而是以两字或者四字为整体发出的。注意声母的发音部位、韵母的开度和声调都要符合约定俗成的表达需要。

练习：诗文朗诵　争前恐后　身强体壮　钻研讨论

二、语言表达

（一）情景再现

情景再现是一个运动的过程，这里强调的是"运动"与"过程"。也就是说，情景再现不是静止的，而是体现在朗诵的整个过程之中的。作为朗诵者，思想感情要一直处于运动的状态。

（二）学生乐园

一株紫丁香

——人教版小学语文课本二年级上册

踮起脚尖儿，
走进安静的小院，
我们把一株紫丁香，
栽在老师窗前。

老师,老师,
就让它绿色的枝叶,
伸进您的窗口,
夜夜和您做伴。

老师——
绿叶在风里沙沙,
那是我们给您唱歌,
帮您消除一天的疲倦。

老师——
满树盛开的花儿,
那是我们的笑脸,
感谢您时时把我们挂牵。

夜深了,星星困得眨眼,
老师,休息吧,
让花香飘进您的梦里,
那梦啊,准是又香又甜。

随着紫丁香慢慢长大,我们对老师的爱越来越细腻,情感也越来越深厚。朗诵时,我们眼中的紫丁香成长着,内心对老师的情感越来越强烈。语势缓缓上扬,腹壁力量一点点增大,口腔控制渐渐加强,到达第四段时,将对老师的感恩之情直接表达出来。到第五段时,语势快速降下来,就像在深夜不想打扰到老师休息,语气轻而柔,最后"又香又甜"的情感色彩转向恬淡、静谧、安宁。

(三)训练节节高

结合情景再现的四个步骤,朗诵《一株紫丁香》这篇文章。语音、调值要准确,声音清晰,并能根据情景的变化主动调整声音状态,情感状态把握要到位。

三、即兴口语——色彩描述

(一)橙色调

橙色是充满生活乐趣的颜色,能产生积极、明亮、光芒四射而又温暖的效果。橙色是黄色和红色的混合色,很容易吸引人们的视线,经常用于作各种醒目标志的使用色,比如交警穿的橙色安全背心。

(二)学生乐园

描述下面的图片,试着说出下图中哪些是橙色?

（三）训练节节高

1. 上面11幅图的颜色从左到右分别是橘黄色、暗黄色、米色、赭色、浅棕色、棕色、柿子橙、橙、阳橙、热带橙、蜜橙。学生要能清楚地认识这些橙色。

2. 多留心观察你生活中常见的由橙色系构成的场景，感受这些橙色系给你的感觉，总结这些橙色系都会出现在哪里，它们有什么共同点。

第五课

一、语音发声

（一）五音节以上词句训练

普通话中存在五个及五个以上音节的专有名词或词语组合，这些词语被大量运用到段落文章、新闻资讯中，同时也是语言表达由词语上升到句子、段落的过渡阶段。

五字词句：

生活必需品　　　　马拉松比赛　　　　手机充电器

六字词句：

外来务工子女　　　中国建设银行　　　联合国秘书长

七字词句：

宁夏回族自治区　　世界自然基金会　　中国人民解放军

八字词句：

社会主义和谐社会　国家一级保护文物　疾病预防控制中心

九字词句：

诺贝尔和平奖获得者　劳动和社会保障事业

中国常驻联合国大使

十字词句：

亚热带海洋性季风气候　　国家劳动和社会保障部

国务院台湾事务办公室

（二）训练节节高

五个音节及五个音节以上词句训练是为段落表达做准备的过渡环节，这些专有名词、词组、词句中的声韵调配合，对声母发音部位，成阻、持阻、除阻，韵母发音唇部运用，调值服从语流音变等提出了更高要求。

练习：少数民族自治区　　　联合国货币基金组织
　　　　国家出入境检验检疫局

二、语言表达

（一）情景再现

情景再现以"情"为主，朗诵者的脑海里不仅要有活动的画面，还要有伴随着画面而引发的具体的态度、情感。

（二）学生乐园

捞月亮

捞月亮
——人教版小学语文同步阅读二年级上册

有只小猴子在井边玩。他往井里一看，里面有个月亮。小猴子叫起来："糟啦，糟啦！月亮掉在井里啦！"

大猴子听见了，跑过来一看，跟着叫起来："糟啦，糟啦！月亮掉在井里啦！"

老猴子听见了，跑过来一看，也跟着叫起来："糟啦，糟啦！月亮掉在井里啦！"

附近的猴子听见了，都跑过来看。大家跟着叫起来："糟啦，糟啦！月亮掉在井里啦！咱们快把它捞上来！"

猴子们爬上了井旁边的大树。老猴子倒挂在树上，拉住大猴子的脚。大猴子也倒挂着，拉住另一只猴子的脚。猴子们就这样一只接一只，一直挂到井里头，小猴子挂在最下边。

小猴子伸手去捞月亮。手刚碰到水，月亮就不见了。

老猴子一抬头，看见月亮还在天上，他喘着气，说："不用捞了，不用捞了，月亮好好地挂在天上呢！"

本文一共出现了4次"糟啦，糟啦！月亮掉在井里啦！"朗诵时，注意小猴子、大猴子、老猴子、大家（猴子们）在语气上是有区别的。由于本文采用了拟人的手法，小猴子的声音像小孩子，声音稚嫩，充满激情，容易冲动，所以在朗诵时，音高较高，音色偏亮，声音响度也较强，节奏较快，语气比较冲。当然，我们也要吸取猴子本身的一些发音特点（猴子的声音是较细、亮、尖的），再结合小朋友的身心状态，声音形象就比较完整了。

（三）训练节节高

分析其他三个"糟啦，糟啦！月亮掉在井里啦！"在文章中的关系，以及它们作为一个整体在整篇文章中所起的作用，同时想一想在朗诵过程中如何对有声语言进行处理。

三、即兴口语——色彩描述

（一）黄色调

　　黄色是光的颜色。黄色是非常明亮的，且不会随着亮度的增加而失去光彩，因此，黄色是颜色等级中仅次于红色的信号色。

（二）学生乐园

　　描述下面的图片，试着说出下图中有哪些黄色？

（三）训练节节高

　　1. 上面8幅图的颜色从左到右分别是柠檬黄、橘黄、鹅黄、土黄、藤黄、亮黄、金黄、淡黄，学生要能清楚地认识这些黄色。

　　2. 多留心观察生活中常见的由黄色系构成的场景，感受这些黄色系给你的感觉，总结这些黄色系都会出现在哪里，它们有什么共同点。

第六课

一、语音发声

（一）口腔控制——字头出字

口腔控制直接关系到吐字的清晰、力度、美感，也关系到声音的质量。在吐字过程中，对音节头、腹、尾的处理，分别叫出字、立字、归音。其中，出字要做到有力，叼住弹出。

（二）声母与单元音韵母拼合

出字指声母和韵头（包括介音）的发音过程，要求"部位准确，叼着有力"。在实际发音中，这种要求主要落实在声母的发音过程中。例如"电diàn"的声母"d"的发音过程应是：先在准确位置（舌尖与上齿背）成阻，蓄积足够气力，然后迅速除去舌尖与上齿背的阻力，打开口腔。

开口呼：

ba pa ma fo da ta na la ga ka ha zha cha sha za ca sa

de te ne le ge ke he zhe che she re ze ce se

齐齿呼：

bi pi mi di ti ni li ji qi xi

合口呼：

bu pu mu fu du tu nu lu gu ku hu zhu chu shu ru zu cu su

撮口呼：

lü　nü　ju　qu　xu

（三）训练节节高

通过声母与单元音韵母的拼合练习，训练学生在音节发音的初始阶段对于出字的处理，锻炼出字的巧力，即力度的适宜性，使出字集中而富于弹性。

练习： 八千八百八十八（ba qian ba bai ba shi ba）

二、语言表达

（一）情景再现——情感的引发

情感是感之于外、受之于心的反应，朗诵者应该使自己的情感处于一种积极的运动状态，只有同稿件中的人物同呼吸、共命运、同喜共忧、同笑共哭，才能深深打动听众。

（二）学生乐园

看　雪

——人教版小学语文课本二年级上册

在我国台湾省，是很难看到雪的。

过春节的时候，孩子们在商店的橱窗里看到了美丽的雪景。那是用洁白的棉花做成的。

孩子们问老师："您看见过真的雪吗？"

老师微笑着点点头。

"您是在哪儿见过的？"孩子们惊奇地问。

老师说:"小时候,在我的故乡。"她顺手指了指地图上的北京。

"北京离这儿很远吧?"孩子们问。

老师说:"不算太远。"接着她就给孩子们讲起了童年玩雪的情景。

冬天,天上飘着雪花,地上铺着雪毯,树上披着银装,到处一片洁白。小伙伴们在雪地上堆雪人、打雪仗,玩得可高兴了!

孩子们争着问老师:"什么时候能带我们到北京去看看真的雪呢?"

老师望望大家,深情地说:"那里的小朋友正盼着你们去和他们一起玩儿呢!"

边想边说

这时我们可以换位到文章中孩子们的角度,想象自己就是这些孩子中的一员,并从心里调出自己对想见却没有见过的事物的感觉。通过4个问句展现了孩子们内心对于雪景、玩雪的渴望。朗诵时,总的来说,我们是观者,同时还兼有老师、孩子的身份。

(三)训练节节高

想一想,在朗诵时老师、孩子、观者三个角度在语言状态上的变化。在读孩子、老师说的话时,注意把握情感的分寸。同时,还需注意文章本身的目的与情感分寸的把握。

三、即兴口语——色彩描述

（一）绿色调

绿色是自然的颜色，象征着生命、成长和繁荣。它经常与希望、信任、乐观这些概念联系在一起，尤其是当绿色非常明亮并能令我们想起绿叶时。

（二）学生乐园

描述下面的图片，试着说出下图中都是哪些绿色？

（三）训练节节高

1. 上面9幅图的颜色从左到右分别是苹果绿、草绿、橄榄绿、石绿、黄绿、嫩绿、淡绿、艳绿、浓绿，学生要能清楚地认识这些绿色。

2. 多留心观察生活中常见的由绿色系构成的场景，感受这些绿色系给你的感觉，总结这些绿色系通常出现在哪里，它们有什么共同点。

第七课

一、语音发声

(一) 声母与不同唇形单元音拼合

声母的发音是由口腔中的两个发音部位构成阻碍，然后保持阻碍，最终去除阻碍发出的。双唇与唇齿之间构成阻碍发音是其中的一部分，声母与不同唇形单元音拼合练习，旨在练习出字阶段双唇与口腔其他部位的配合。

拼合练习：

b: ba bi bu   g: ga gu   zh: zha zhu zhi
p: pa pi pu   k: ka ku   ch: cha chu chi
m: ma mi mu   h: ha hu   sh: sha shu shi
f: fa fu   j: ji ju   r: ra ru ri
d: da di du   q: qi qu   z: za zu zi
t: ta ti tu   x: xi xu   c: ca cu ci
n: na ni nu   s: sa su si l: la li lu

句段练习：

青葡萄，紫葡萄，青葡萄没紫葡萄紫，吃葡萄不吐葡萄皮，不吃葡萄倒吐葡萄皮。

(二) 训练节节高

通过声母与不同唇形单元音的拼合练习，训练学生叼住字头的能力，克服出字"浮"，唇舌无力或者"拙"，满口用力的问题。

练习： 爸爸　娃娃　雅马哈

二、语言表达

（一）情景再现——情感的强化

情感的强化，是指围绕一定的抒情中心，给听众更强烈的视觉、听觉、触觉刺激，而这些刺激所唤起的情感与抒情中心的情感一致。

（二）学生乐园

酸的和甜的

酸的和甜的
——人教版小学语文课本二年级上册

葡萄架下，有一只狐狸。他一会儿转来转去，一会儿跳起来摘葡萄，可是一颗也没摘到。于是，他指着架上的葡萄，说："这葡萄是酸的，不能吃！"

树上的小松鼠听了，心里想：狐狸很聪明，它说葡萄不能吃，那一定是很酸的。

小松鼠把狐狸说的话告诉了小兔子。小兔子一听，心里想：狐狸和小松鼠都说葡萄是酸的，那一定不能吃！

这时，来了一只小猴子。他望望架上那一串串紫红色的葡萄，迫不及待地爬上葡萄架，摘下一串就要往嘴里送。小兔子连忙说："不能吃，不能吃，这葡萄是酸的！"

小猴子笑着问："你吃过吗？"小兔子摇摇头，说："我没吃过，可是小松鼠说葡萄很酸。"

小猴子又问小松鼠:"你尝过吗?"小松鼠也摇摇头,说:"我没敢尝,狐狸说这葡萄酸得很呢!"

小猴子听了,大口大口地吃起葡萄来。小松鼠和小兔子见他吃得这么开心,也尝了一颗。啊!真甜。

小松鼠和小兔子真不明白,狐狸为什么硬说葡萄是酸的呢?

文章中,在小松鼠和小兔子发现葡萄是甜的之前,一共出现了6次"酸"。朗诵时,这6次"酸"是具有递进关系的。酸给人的感官感受是具有收缩感,并且一次次累加,同时,也蕴含着因为怕酸而不敢尝试的感觉,这种感觉也是一次次累加的,这样在发现葡萄是甜的的时候,这种积累着的刺激和情感就一下子爆发,并且化解掉了。在有声语言上,语势的变化呈一个山丘的形状,以"不能吃,不能吃,这葡萄是酸的!"为顶点。处理这句话时,声音强度要大,有一种向上喊的感觉;并且语气上要非常确定,口腔处于强控制状态,腹壁力量增大,节奏紧凑,显示出着急的情绪。这时的"酸"在味觉上的收缩感少了,更多的是理性上的认识,所以咬字力度强,声音外放。

(三)训练节节高

想一想,在上面这篇文章中,6次"酸"的感官刺激强度,并且找出其内在的含义。尝试用不同的语气表达出来。感受在表达每一次"酸"时,口腔、气息状态的变化。注意语音、调值的准确。

三、即兴口语——色彩描述

（一）蓝色调

蓝色在很多时候会与红色形成鲜明的对比，因为蓝色象征着冷漠和距离。蓝色的效果是安静的、被动的、引人深思的。

（二）学生乐园

描述下面的图片，试着说出下图中分别是什么蓝色？

（三）训练节节高

1. 上面9幅图的颜色从左到右分别是天蓝、湖蓝、群青、酞青蓝、紫罗兰、孔雀蓝、海军蓝、深蓝、浅蓝，学生要能清楚地认识这些蓝色。

2. 多留心观察生活中常见的所有由蓝色系构成的场景，感受这些蓝色系给你的感觉，总结这些蓝色系通常会出现在哪里，它们有什么共同点。

第八课

一、语音发声

（一）同声母双音节词语

同声母双音节词语练习主要针对音节的出字阶段，同一声母和不同韵母拼合时，注意发音器官，如双唇、上齿、下齿、硬腭、舌头（舌尖、舌面、舌根）之间的配合。

拼合练习：

b：八宝　把柄　败北　帮补　变白

p：澎湃　泼皮　批判　乒乓　偏旁

m：牧民　木马　明媚　抹布　蔑视

d：祷告　堤岸　兑现　敦促　地理

n：泥泞　拟定　袅绕　捏合　懦弱

sh：吮吸　赡养　赦免　呻吟　矢口

含有双音节词的小令练习：

天净沙·秋思

马致远

枯藤老树昏鸦，小桥流水人家，古道西风瘦马。夕阳西下，断肠人在天涯。

（二）训练节节高

通过同声母双音节词语口腔控制中出字阶段的练习，使同一个声母和不同韵母搭配组合成词，为完整说出一段流畅准确的语流打下良好的基础。

练习： 针砭　症状　拙劣　协调　兴奋　蓄意　诠释　囤积　椭圆

二、语言表达

（一）情景再现——情感的触发

朗诵者的情感在一步步地运动着，一方面他们需要调动起一定的情感经验；另一方面需要点燃触发点，使情感在积聚的基础上燃烧起来。

（二）学生乐园

爸爸的手
徐建华

我的爸爸有一双大大的手。

爸爸的一只手能抓住我的两只小手，还能把我高高举过肩膀，让我在空中飞翔。

下雪天的时候，我的手冻得红红的，爸爸的大手抓起地上的白雪，使劲儿在我的手上搓了又搓。我的手更红了，可是再也不冷了。

大热天，爸爸的大手给我拍打蚊子，"啪啪"，蚊子在他的

手心粉身碎骨。当星星爬满天空的时候,爸爸的大手轻轻地扇着蒲扇,为熟睡中的我带来阵阵凉风。

爸爸的大手还是一双灵巧的手。一截圆木在他手里,半天工夫,就变成了一个小凳子。我坐着凳子,看着爸爸又将一根细竹竿,变成了一只啪啪响的玩具枪。

朗诵时,心里想着爸爸的大手,调动起记忆中爸爸对我们的细心呵护,然后将随之而来的情感带动出来。也许我们回忆的事情与文章中描述的不太一样,但在情感上会有很多的相似点。这篇文章将情感触发点巧妙地蕴含在平淡的生活细节里,看上去没有太多的起伏,但却有最真实、最朴实的爱。"搓了又搓""啪啪""扇着",这些表现动作的词,正是情感的触发点,是文章内容与自我情感的共鸣点,也是朗诵者需要单拎出来的重点。"搓了又搓"在有声语言的处理上,节奏稍缓,重音落在第一个"搓"和后面的"又"上。但又不能拎得太突出,不然会影响文章朴实的基调。

(三)训练节节高

运用完整的情景再现四步骤朗诵上面这篇文章。注意声音状态与文章基调的一致,找出情感触发点,并将触发点作为重点表达出来,注意分寸的把握。

三、即兴口语——色彩描述

（一）紫色调

我们常常将紫色与神秘、超自然和魔法联系在一起，因此紫色常常代表神秘。

（二）学生乐园

描述下面的图片，试着说出下图中分别有哪些紫色？

（三）训练节节高

1. 上面9幅图从左到右分别是紫藤、木槿紫、紫水晶、紫丁香、薰衣草紫、矿紫、浅灰紫、三色堇紫、蓝紫，学生要能清楚地认识图片所代表的紫色。

2. 多留心观察生活中常见的由紫色系构成的场景，感受这些紫色系给你的感觉，总结这些紫色系都会出现在哪里，它们有什么共同点。

第九课

一、语音发声

（一）零声母音节吐字

口腔控制中还需注意零声母音节的吐字练习。无辅音声母的音节叫"无声母音节"，即"零声母音节"，如an、wan、yin、yuan等都是零声母音节。但这些音节在发音时具有某些辅音发音的特性，我们在发音时需要注意，否则"叼字"容易无力。

开口呼零声母：

声带声门紧闭，发音时突然放开成声。

a e er ai ei ao ou an en ang eng

艾尔　恩爱

齐齿呼零声母：

以隔音字母y开头，由于发音起始部分没有辅音，实际发音有轻微摩擦。

yi ya ye yao you yan yin　yang ying

摇椅　右眼

合口呼零声母：

以隔音字母w开头，实际发音有轻微摩擦。

wu wa wo wai wei wan wang weng（ong）

惋惜　违背

撮口呼零声母：

以隔音字母y（yu）开头，实际发音有轻微摩擦。

yu　yue　yuan　yun　yong

依附　隐晦

（二）训练节节高

通过零声母音节的发音训练，避免混淆音节之间的语音界限。为了防止与前一个音节韵尾拼合，零声母音节出字应有力。

练习：万一　友谊　云雾　议案　幼儿　余额

二、语言表达

（一）逻辑感受

我们在平时说话的时候，内容上往往会有个先来后到、轻重缓急。文学作品的内容，从词语、句子到层次、段落，也都有着明确的或潜藏的逻辑关系，有些有明确的关联词，有些则需要用语气表达出来。这就需要我们进行逻辑感受的练习。

并列、对比、递进、转折、主次、总括等是几种常见的逻辑关系。

（二）学生乐园

二十美金的价值
——人教版小学语文课本一年级上册

一天，爸爸下班回到家已经很晚了，他很累也有点儿烦，他发现五岁的儿子靠在门旁正等着他。

"爸，我可以问您一个问题吗？"

"什么问题？""爸，您一小时可以赚多少钱？""这与你无关，你为什么问这个问题？"父亲生气地说。

"我只是想知道，请告诉我，您一小时赚多少钱？"小孩儿哀求到。"假如你一定要知道的话，我一小时赚二十美金。"

"哦，"小孩儿低下了头，接着又说，"爸，可以借我十美金吗？"父亲发怒了："如果你只是要借钱去买无意义的玩具的话，给我回到你的房间睡觉去。好好想想为什么你会那么自私。我每天辛苦工作，没时间和你玩儿小孩子的游戏。"

小孩儿默默地回到自己的房间关上门。

父亲坐下来还在生气。后来，他平静下来了。心想他可能对孩子太凶了——或许孩子真的很想买什么东西，再说他平时很少要过钱。

父亲走进孩子的房间："你睡了吗？""爸，还没有，我还醒着。"孩子回答。

"我刚才可能对你太凶了，"父亲说，"我不应该发那么大的火儿——这是你要的十美金。""爸，谢谢您。"孩子高兴地从枕头下拿出一些被弄皱的钞票，慢慢地数着。

"为什么你已经有钱了还要？"父亲不解地问。

"因为原来不够，但现在凑够了。"孩子回答："爸，我现在有二十美金了，我可以向您买一个小时的时间吗？明天请早一点儿回家——我想和您一起吃晚餐。"

边想边说

朗诵这篇文章时，只要我们眼前浮现出清晰的画面，情感就能被积极地调动起来。这篇文章有一个清晰的事件发生的逻辑脉络，整体以事情发生时的先后为主线，中间有一次转折，父亲在不明白孩子的用心之前，语意与情感上有递进的逻辑关系。"父亲坐下来还在生气。后来，他平静下来了。"这句话虽然在文字上没有明显体现出与前面段落之间的转折关系，但朗诵时语势应平缓下来，节奏应慢下来，情感强度减弱，出气量减少，口腔控制放松一些，咬字力度减小，音高降低。这样，通过语气的转折，听者就能听出明显的语意转折意味。

（三）训练节节高

朗诵《二十美金的价值》这篇文章，试着找出更多的反映逻辑感受的地方，从词、句、句群、段落、层次、整体入手，想一想不同的逻辑感受需要结合怎样的有声语言处理方式来体现。

三、即兴口语——色彩描述

（一）暖色

暖色是指温暖的色调，即给人以温暖感觉的颜色，如红色、橙色、黄色。

（二）学生乐园

请描述下面的两幅图，它们分别由哪些颜色构成？具体描述了什么样的场景？给你什么样的感觉？

（三）训练节节高

1. 多留心观察你常见的所有由暖色构成的场景，感受这些暖色构成的场景给你的感觉，总结这些暖色构成的场景通常会出现在哪里，它们有什么共同点。

2. 找一些有暖色的图片进行练习。在练习的过程中，首先看图片中暖色构成了什么，在什么位置，具体都有什么颜色，占整幅图片的比例有多大，呈现出什么样的效果，给你什么样的感觉。

第十课

一、语音发声

（一）诗歌综合练习

咏 鹅

骆宾王

鹅，鹅，鹅，曲项向天歌。
白毛浮绿水，红掌拨清波。

越调·天净沙·春

白　朴

春山暖日和风，阑干楼阁帘栊，杨柳秋千院中。
啼莺舞燕，小桥流水飞红。

饮湖上初晴后雨

苏　轼

水光潋滟晴方好，山色空蒙雨亦奇。
欲把西湖比西子，淡妆浓抹总相宜。

西江月·夜行黄沙道中
辛弃疾

明月别枝惊鹊，清风半夜鸣蝉。
稻花香里说丰年，听取蛙声一片。
七八个星天外，两三点雨山前。
旧时茅店社林边，路转溪桥忽见。

（二）训练节节高

通过诗歌综合练习，将口腔控制中出字阶段的要求综合运用到诗句语流中，将出字要求融入语流的自如表达之中。

练习：

七步诗
曹　植

煮豆持作羹，漉豉以为汁。
萁在釜下燃，豆在釜中泣。
本自同根生，相煎何太急？

二、语言表达

（一）逻辑感受——递进关系

在修辞中，递进是指按照大小、轻重、本末、先后等一定的次序，将三种以上的事物依次层层推进。在语言表达中，递进关系是指按一定的表达顺序向前推进，由浅入深地去表达、去描述。

（二）学生乐园

地球的清洁工
——人教版小学语文同步阅读

动物环境保护局要招收一批清洁工。

听到这个消息，很多动物都争先恐后跑来报名。

主考官大猩猩问："请说一说，你们都有什么本领？"

海鸥第一个发言："我能把人们乘船时扔到海里的剩饭剩菜吃掉。我做海洋的清洁工最合适。"

"我呀，生活在河里。"鲫鱼说，"河里的水草、虫子和垃圾是我爱吃的食物。"

乌鸦走上前，说："我爱吃地上的蝇蛆、地蚕什么的，做地面清洁工最合适。"

"我能吃掉地上的垃圾，再把它变成肥料，让植物长得更茂盛。"蚯蚓说，"你们看，我做地下清洁工怎么样？"

"好，可以，可以。"大猩猩点点头。

这时，一只黑不溜秋的小家伙说话了："请写上我的名字。"

"你，屎壳郎？"乌鸦瞅了他一眼，"嘿嘿！小不点儿，你也想当清洁工？"

"是呀，我能把牧场上的牛羊粪滚成粪球儿，埋到地底下。我做牧场清洁工不行吗？"屎壳郎说。

"行，当然行！"大猩猩记下屎壳郎的名字，对大伙儿说，"你们都是很好的地球清洁工，有了你们，地球环境一定会变得更好。从明天开始，请大家分别去做环境保护工作吧！"

文章从整体上看，开始动物们的"争先恐后"营造出了一种积极的，甚至有一定竞争性质的氛围。为了和后面屎壳郎的出场形成对比，海鸥、鲫鱼、乌鸦、蚯蚓谁都不让谁地显示着自己才是最合适的"地球清洁工"。所以动物们说话时，语气一个比一个更有优越感，形成语气上的递进关系。如蚯蚓说"我能吃掉地上的垃圾，再把它变成肥料，让植物长得更茂盛。"这三句话形成递进关系，语势渐渐上扬，声音的空间感越来越大，声音的明亮度也渐渐增强。再如"你，屎壳郎？"这句话也体现了情感上质疑的递增，应用反问加强质疑的语气。

（三）训练节节高

朗诵《地球的清洁工》这篇文章，找出藏在词、句、句群、段落、层次以及整体中更多的递进关系，并说说是如何递进的，在有声语言上要怎样处理。注意语音、调值的规范，体会咬字状态随感受变化而变化的规律。

三、即兴口语——色彩描述

（一）冷色

冷色指色环中蓝、绿一边的色相，它使人们联想到海洋、蓝天、冰雪、月夜等，给人以一种阴凉、宁静、深远、死亡、典雅、高贵、冷静、暗淡、灰暗、孤僻、寒冷、忧郁、悲伤、宽广、开阔的感觉。

（二）学生乐园

描述以下两幅图片中各自的场景，说出图片中所有的颜色和两幅图片的特征，并说说它们带给你的感受。

（三）训练节节高

1. 多留心观察你常见的由冷色系构成的场景，感受这些冷色系给你的感觉，总结这些冷色系通常会出现在哪里，它们有什么共同点。

2. 找一些有冷色系的图片进行练习。在练习的过程当中，首先看图片中冷色系构成了什么，在什么位置，都有什么颜色，占整幅图片的比例有多大，呈现出什么样的效果，给你什么样的感觉。

第十一课

一、语音发声

（一）口腔控制——字腹立字

一个音节的发音是否能达到珠圆玉润，与韵腹的发音有密切关系。立字的过程主要是指韵腹的发音过程，要求"拉开立起"。与头尾比较，韵腹的发音过程最长，应有"竖起"和"立体"展开的感觉。即使窄元音i、u、ü充当韵腹时，口腔也应适当开大些，这叫作"闭口音稍开"。

开口呼：

a:	巴	擦	大	伐	马	大巴	喇叭	砝码
o:	播	泼	末	破	佛	薄膜	伯伯	婆婆
e:	讷	额	俄	恶	热	客车	车辙	折射
-i(前):	字	寺	词	四	紫	孜孜	自私	次子
-i(后):	之	吃	世	指	赤	纸质	失职	芝士
er:	二	而	尔	耳	洱	而后	儿歌	儿孙
ai:	胎	灾	白	买	盖	爱戴	彩排	代买
ei:	黑	陪	雷	贼	美	飞贼	配备	蓓蕾
ao:	猫	老	涛	跑	靠	高潮	操劳	吵闹
ou:	周	剖	楼	透	瘦	口头	佝偻	丑陋
an:	班	兰	男	满	判	勘探	懒汉	寒战

en：	喷	跟	人	很	忍	根本	婶婶	认真
ang：	帮	方	糖	长	荡	港商	蟑螂	肮脏
eng：	仍	僧	鹏	能	梦	风声	升腾	吭声

齐齿呼：

i：	鸡	西	迷	地	皮	匿迹	洗涤	七夕
ia：	瞎	家	掐	下	加	下架	家家	夏家
ie：	爹	写	且	列	借	贴切	谢谢	喋喋
iao：	叫	票	聊	鸟	笑	巧妙	较小	吊销
iu：	秋	牛	久	修	缪	琉球	久留	舅舅
ian：	天	便	面	田	年	见面	垫肩	简练
in：	彬	拼	民	您	信	临近	贫民	紧邻
iang：	江	娘	强	两	酱	奖项	踉跄	良将
ing：	兵	形	平	令	影	宁静	命令	病情

（二）训练节节高

通过开口呼、齐齿呼的练习，让学生体会韵腹拉开立起的感觉。做到韵腹拉开到足够开度，准确到位。

练习：星星　生冷　山丹　报告

二、语言表达

（一）逻辑感受——并列关系

在语法上，并列是指并行排列，不分主次。并列关系在语言表达中特指说话时的层次、段落、语句、词组呈并列状态，词与词之间、句与句之间、段与段之间只有前后之分而无主次之分。

（二）学生乐园

秋姑姑的集合哨
——人教版小学语文同步阅读

秋姑姑一吹集合哨，水果娃娃们都赶来了。你看：

香蕉划着弯弯的小船来了；

柿子和橘子提着红红的灯笼来了；

石榴大大方方地一路跑一路笑，跑到终点还咧着嘴呢；

苹果却是个害羞的小姑娘，跑得全身发热，红着脸儿，不吭声；

而梨子，一定是赶夜路来的，身上涂满了月亮的金黄。

有这么多可爱的水果娃娃，秋姑姑真高兴。她不管走到哪里，空气都是香香的，甜甜的。

香蕉、柿子、石榴、苹果、梨子，这些水果娃娃，它们用各种方法赶来了，且分别用5个小段落来描述，这5个小段落之间的关系就是并列，没有主次、轻重的分别。在朗诵时，情感的色彩、分量相似，都有较为鲜明的画面感，同时画面又是相对独立出现的。"柿子和橘子"也是并列关系，语气上相似，不存在孰轻孰重的问题。

（三）训练节节高

朗诵《秋姑姑的集合哨》这篇文章，注意运用情景再现的四个步骤，形成鲜明的画面感，调动自己对秋的理解和感受，将情感很好地融合到有声语言中，与画面感同步传递出来。想一想，朗诵时逻辑感受与文本的逻辑脉络之间有何关系？

三、即兴口语——色彩描述

（一）中性色

黑色、白色及由黑白调和的各种深浅不同的灰色系列，称为无彩色系，也称为中性色。这种颜色通常很柔和，色彩不那么明亮耀眼。中性色是介于三大色红、黄、蓝之间的颜色，既不属于冷色调也不属于暖色调。黑、白、灰是常用的三大中性色。黑、白、灰这三种中性色能与任何色彩和谐搭配。没有冷暖偏向，在与暖色调或冷色调搭配时都不会发生冲突。

（二）学生乐园

描述这两幅图片各反映了什么场景，尽可能细致地说出图片中的所有颜色，并谈谈这两幅图带给你怎样不同的感受。

（三）训练节节高

1. 多留心观察你常见的由中性色系构成的场景，感受这些中性色系给你的感觉，总结这些中性色系都会出现在哪里，它们有什么共同点。

2. 找一些有中性色系的图片进行练习。在练习的过程中，首先看图片中中性色系构成了什么，在什么位置，都有什么色彩，占整幅图片的比例有多大，呈现出什么样的效果，给你什么样的感觉。

第十二课

一、语音发声

（一）口腔控制——字腹立字

在字腹的处理上还要求注意"立起"，在发主要元音时，要占据足够的发音时间，使元音响亮、圆润的音色凸显出来，听觉上有饱满感。

合口呼：

u：	扑	夫	读	图	努	补助	舒服	督促
ua：	刷	抓	滑	娃	话	娃娃	花袜	挂画
uo：	多	拖	罗	过	或	骆驼	懦弱	错落
uai：	乖	怀	甩	拐	踹	外踝	外快	徘徊
ui：	虽	最	垂	溃	退	追随	水位	归队
uan：	酸	环	转	段	乱	官宦	贯穿	乱窜
un：	吨	吞	轮	滚	捆	春笋	论文	温顺
uang：	光	黄	床	爽	广	状况	网状	装潢
ong：	聪	宗	红	虫	孔	冲动	从容	工农

撮口呼：

ü：	宇	雨	语	迁	鱼	区域	序曲	旅居
üan：	圈	玄	劝	捐	选	渊源	轩辕	源源
üe：	却	学	绝	略	雀	雀跃	雪月	约略

ün： 军 训 允 俊 群 循序 孕育 云雀
iong： 兄 穷 炯 琼 熊 汹涌 炯炯 琼剧

（二）训练节节高

通过合口呼、撮口呼的练习，让学生体会韵腹拉开立起的感觉。做到韵腹拉开足够开度，立起足够时间，准确到位。

练习： 雍容　女婿　温顺

二、语言表达

（一）逻辑感受——并列关系

在有声语言表达的过程中，要注意并列关系的处理。文本或稿件中并列的内容只有转化为朗诵者的主观感受，才能在有声语言中准确地表达意义。

（二）学生乐园

从现在开始
——人教版小学语文课本二年级上册

从现在开始

狮子想找一个动物接替他做"万兽之王"。于是，他宣布："从现在开始，你们轮流当'万兽之王'，每个动物当一个星期。谁做得最好，谁就是森林里的新首领。"

第一个上任的是猫头鹰。他想到自己成了"万兽之王"，神气极了，立刻下令："从现在开始，你们都要跟我一样，白天休息，夜里做事！"大家听了议论纷纷，可是又不得不服从命令，只好天天熬夜。一个星期下来，动物们都叫苦连连。

第二个星期，轮到袋鼠上任了。他激动地说："从现在开始，你们都要跳着走路！"听了袋鼠的话，大家直摇头。可是又不得不服从命令，只好苦练跳的本领。

第三个星期，轮到小猴子当"万兽之王"。大家都非常担心：他会不会命令我们从现在开始，都得住在树上，成天抓着藤条荡来荡去？谁知，小猴子只说了一句话："从现在开始，每个动物都照自己习惯的方式过日子。"话音刚落，大伙儿立刻欢呼起来。

狮子见了，笑眯眯地说："不用再往下轮了。我郑重宣布，从现在开始，小猴子就是'万兽之王'了！"

第二段和第三段，属于并列关系。在并列状态里，气息状态突出连续性、平稳性，语势也相对平缓。段落层次之间的逻辑感受尤其体现在段落开头第一句的语势上，语势的起点高度基本一致。

（三）训练节节高

在没有明显的逻辑词语时，思考怎样准确地理解逻辑关系，体会逻辑感受；递进与并列这两种逻辑感受，在有声语言表达上有怎样的相同和不同。

三、即兴口语——色彩描述

（一）综合

色彩的学习就要告一段落了。生活中的色彩随处可见，只要你留心观察,就会发现很多的美。在认识这个世界的时候,因为色彩的不同,会给我们带来丰富的体验和感受。

(二)学生乐园

我们之前学习了有关色彩的知识,请仔细观察下面两幅图,说说它们都由哪些颜色构成?颜色区分得越细越好,并谈谈它们带给你什么样的感觉。

(三)训练节节高

1. 能够熟练认知和描述各种色彩和色彩所表达的性格。

2. 描述一下你现在所处的场景都由哪些色彩构成,这样的色彩给你什么样的感觉。

第十三课

一、语音发声

（一）口腔控制——字腹立字

打开口腔练习：

在训练口腔总体配合时，除了用打开牙关、提起颧肌、挺起软腭的要求来体会外，还可以通过朗读下面的成语来体会吐字时的口腔开度。第一个字的音节都是容易体会打开口腔的音节，通过第一个字打开口腔带发后面的音节。

来龙去脉	来日方长	狼狈不堪	牢不可破	浪子回头
老当益壮	老生常谈	雷厉风行	冷嘲热讽	两袖清风
量力而行	龙腾虎跃	刀山火海	道貌岸然	超群绝伦
泛滥成灾	防患未然	放虎归山	光明磊落	广开言路

（二）训练节节高

通过开头音节容易打开口腔的四字成语练习，帮助学生体会打开口腔的感觉，并且带着这种感觉发出后面的音节。

二、语言表达

（一）逻辑感受——转折关系

转折是表示某个事物的变化、转变，强调变化后的状态。转折关系涉及作品文气跌宕的问题，在语言表达中要注意话语之间的变化、转变，尤其是变化后话语的不同感受。

（二）学生乐园

找刺猬

找刺猬
——人教版小学语文同步阅读二年级上册

刺猬妈妈找食回来，见窝里的小刺猬都不见了，急得她坐立不安，忙请小松鼠去帮她寻找。

小松鼠跑到山上，东张西望地找了一圈，匆匆忙忙地跑回来对刺猬妈妈说："不好了，你的孩子，不知道为什么全爬到山顶那棵大树上吊死啦！"

刺猬妈妈一听，吓了一大跳，忙问："你看清楚了吗？"

小松鼠十分认真地说："不错，我看得清清楚楚！一只只全挂在树上，身上的刺都开始变紫啦！"

"哎呀！我的天哪！"刺猬妈妈一边哭，一边往山上跑。她来到那棵大树前一看，原来树上挂的是一只只毛栗子。刺猬妈妈对小松鼠说："你看错了，那是毛栗子，不是我的孩子。请你再去帮我找找吧！"

小松鼠又跑到湖边，东张西望找了一番，又慌慌张张地跑回来对刺猬妈妈说："不好了，你的孩子全都钻进土里闷死啦！"

刺猬妈妈又吓了一跳，忙问："你看清楚了吗？"

松鼠一本正经地说："我看得清清楚楚，他们把头埋在土里，身上的刺都发绿啦。"

"天哪，我可怜的孩子们！"刺猬妈妈一面哭，一面快步跑到湖边。她定睛一看，原来是一个个仙人球，哪儿是小刺猬呀！她回来对松鼠说："你又看错了，那是仙人球，不是我的孩子。"

"我怎么总是看错呢？"小松鼠搔搔头，觉得有点难为情。

刺猬妈妈说："我们刺猬身上是有刺的，可是有刺的不一定都是刺猬。你要全面、仔细地观察。"

边想边说

小松鼠两次看错，刺猬妈妈两次经历了情感上的巨大转折。虽然没有"但是""却""可是"等这样的转折词，但我们要体会到刺猬妈妈转折前后的内心感受。"原来树上挂的是一只只毛栗子。"这句在有声语言的处理上，语势迅速下降，节奏缓下来，口腔控制转弱，情感色彩从悲痛转为较理性的状态，朗诵者的身体也会经历一个绷着劲儿向前倾而后突然放松了一些的转变。

（三）训练节节高

"谁？噢，是你啊！"

"我吃块糖吧！咳，我又忘了，大夫不让我吃糖！"

"你可以去那儿，但要注意安全！"

思考这三句话表现出了怎样的转折关系，哪些字词可以明确地传递出转折意味，在有声语言表达上会有怎样的特征。

三、即兴口语——倾听训练

（一）提出问题

提出问题是引发思考的关键所在。刨根问底，是深入探究的动力之源。提出一个问题比解决一个问题更重要，问题能够真正地推动思维的发展。

（二）学生乐园

听短文《献给妈妈的花》，并试着向其他同学从题目、主要内容、中心句等多方面提出问题，看看他们能不能回答出你的问题。

献给妈妈的花

（三）训练节节高

1. 通过训练让学生在以后的课堂中养成善于提问的习惯，激发学生的谈话欲，勇于探索，掌握正确的学习方法。

2. 请老师读一篇寓言故事，要求学生分别从题目、主要内容、中心句等多方面提出问题。

第十四课

一、语音发声

（一）口腔控制——字腹立字

以韵母为主的绕口令练习：

男演员女演员，同台演戏说方言，男演员说吴方言，女演员说闽南方言。研究员、飞行员，吴方言、闽南方言，你说男女演员演得全不全。

村里有个顾老五，穿上新裤去卖谷。卖了谷，买了布，外加一瓶老陈醋。肩背布，手提醋，老五急忙来赶路。走了一里路，看见一只兔。老五放下布和醋，糊里糊涂去追兔。挂破了裤，没追上兔；回来不见了布和醋。

打南边来了个瘸子，手里托着个碟子，碟子里装着茄子，地下钉着个橛子，撒了碟里的茄子；气得瘸子，撇了碟子，拔了橛子，踩了茄子。

（二）训练节节高

通过以韵母为主的绕口令练习，让学生在有趣的绕口令中训练对字腹的处理，在简短的语流中体会拉开立起的感觉。

练习： 妈妈开捷达，爸爸桑塔纳，娃娃是警察，跨上雅马哈。

二、语言表达

（一）逻辑感受——类比关系

类比是由两个对象的某些相同或相似的性质，推断出它们在其他性质上也有可能相同或相似的一种推理形式。在有声语言表达中，类比的运用不仅可以使表达更形象，也可以使描述更加具体、准确。

（二）学生乐园

游长城
——人教版小学语文同步阅读

星期天，爸爸妈妈带我去游长城。我们坐上汽车，过了两三个钟头，来到了长城脚下。

我们沿着石阶登上长城。啊！城墙真高，比两层楼房还高；城墙上面很宽，能并排跑五六匹马。我高兴地跑哇，跑哇，一边跑一边冲着爸爸大喊："咱们到长城的那头去玩玩吧！"

爸爸笑着说："傻孩子，那头离北京可远啦！长城的西头在嘉峪关，东头在山海关，它有一万二千多里长呢！"

我不禁说："好大的工程啊！修长城的时候，一定开来好多大吊车吧？"

爸爸又笑了，他用手抚摸着一块块大城砖，说："古时候可没有吊车，劳动人民用双手，经过很多年，才完成了这项伟大的工程。"

"那为什么要修长城呢？"我不解地问。

妈妈说:"古时候总有战争,修长城为的是用它来做屏障啊!"

说着说着,我们登上了最高的烽火台。远远望去,长城像一条巨龙卧在青山之上。一群群中外游客来往不断,人们五颜六色的服装,把长城点缀得像一条绚丽的彩带。

"长城的城墙很高,比两层楼房还高。"将城墙和两层楼的高度作类比,使我们对城墙的高度有一个直观的感受。朗诵时,我们头脑中要迅速地浮现出两层楼的形象,并将对高度的直观感受转化成有声语言,这个过程很短,基本是同时发生的。

(三)训练节节高

"这块地有五个足球场那么大!"

"真的有那么烫吗?""嗯,就像把手放进滚烫的油里!"

想一想在表达以上对话时,脑海中会浮现出怎样的画面,这画面与有声语言的关系是怎样的。不仅要"看见",还要感受到广度和温度。语速不要太快,一边说,一边体现脑海中浮现的画面,并细心感受。

三、即兴口语——线条描述

(一)水平直线、竖直线

与静态的点相比,线是一种动态的图形元素,它不仅能吸引观赏者的注意,还能引导观赏者的目光。在我们生活的世界里,有很多景象呈现出水平直线的样子,水平直线象征着距离、辽阔、不可到达，像是一种无法逾越的分隔，它无处不在。竖直线会引导观赏者的视线垂直地穿过整个图像区域。向上的或生长的主题使得线条向上方运动，而下降的或水平方向的主题则会激发向下的运动。

（二）学生乐园

请描述下面两幅图，说说它们分别由哪些线条构成？具体场景是什么？给你什么样的感觉？

（三）训练节节高

1. 多留心观察你常见的由水平直线和竖直线构成的场景，感受这些水平直线和竖直线给你的感觉，总结这些水平直线和竖直线都会出现在哪里，它们有什么共同点。

2. 找一些有水平直线和竖直线的图片进行练习。在练习的过程中，首先看图片中水平直线和竖直线构成了什么，在什么位置，是什么色彩，占整幅图片的比例有多大，呈现出什么样的效果，给你什么样的感觉。

第十五课

一、语音发声

（一）口腔控制——'字腹立'字

诗歌综合练习：

凉州词
王之涣

黄河远上白云间，一片孤城万仞山。
羌笛何须怨杨柳，春风不度玉门关。

蜀　相
杜　甫

丞相祠堂何处寻，锦官城外柏森森。
映阶碧草自春色，隔叶黄鹂空好音。
三顾频烦天下计，两朝开济老臣心。
出师未捷身先死，长使英雄泪满襟。

（二）训练节节高

通过诗歌综合练习，将口腔控制中立字阶段的要求综合运用到诗句语流中，将叼字要求融入语流的自如表达之中。

练习：

凉州词
王之涣

单于北望拂云堆，杀马登坛祭几回。
汉家天子今神武，不肯和亲归去来。

二、语言表达

（一）逻辑感受——对比关系

对比，是把具有明显差异、矛盾和对立的双方安排在一起，进行对照比较的表现手法。在语言表达中，合理利用对比关系可以使想要表达的事物更加清晰明了。

（二）学生乐园

回乡偶书
贺知章

少小离家老大回，乡音无改鬓毛衰。
儿童相见不相识，笑问客从何处来。

这首诗的每句中都直接或间接地蕴含着对比感受,表达时重音一般在后面的部分,如"老大回""鬓毛衰"。语势、节奏、咬字力度、语气强度上都要有对比感。"儿童相见不相识"一句中,形成对比的是"儿童相见"与"不相识"。前者在口腔控制上可以稍强,语势拉开,节奏偏缓,表现出见面时的兴奋、期待。但从后面"不相识"开始语势急转直下,口腔控制立即松下来,气息弱下来,表现出无可奈何之感,形成对比的态势。

(三)训练节节高

橘子和苹果、风筝和月亮、绿色的青蛙和红色的树叶。对上面三组内容,自主地加入对比感受,用有声语言表达出来。找出在有声语言创作中,用声音形成对比的具体形式,如音高的高低,音强的大小,语势的高低、延展或是收缩。

三、即兴口语——线条描述

(一)斜线

斜线会给照片带来一种动态、生动而又不平静的效果。它们就像是"眼睛的高速公路",能够比其他线条更快地引导观赏者的视线经过线条所覆盖的区域。从左下方向右上方延伸的斜线会使照片产生一种积极、愉快的效果,而从左上方向右下方延伸的斜线则会营造一种消极的、忧郁的、伤感的氛围。

（二）学生乐园

请描述下面的两幅图，它们分别由哪些线条构成，具体场景是什么，给你什么样的感觉。

（三）训练节节高

1. 多留心观察你常见的由斜线构成的场景，感受这些斜线带给你的感觉，总结这些斜线都会出现在哪里，它们有什么共同点。

2. 找一些有斜线的图片进行练习。在练习的过程当中，首先看图片中的斜线构成了什么，在什么位置，是什么颜色，占整幅图片的比例有多大，呈现出什么样的效果，给你什么样的感觉。

第十六课

一、语音发声

（一）口腔控制——字尾归音

复韵母"ai""ei"综合练习：

红梅赞

红岩上红梅开，千里冰霜脚下踩。
三九严寒何所惧，一片丹心向阳开。

晚 春
韩 愈

草木知春不久归，百般红紫斗芳菲，
杨花榆荚无才思，惟解满天做雪飞。

（二）训练节节高

通过复韵母"ai""ei"的综合练习，将口腔控制中字尾归音阶段的要求综合运用到诗句语流中，打开口腔的同时，归音到位。

练习：大柴和小柴，帮助爷爷晒白菜。大柴晒的是大白菜，小柴晒的是小白菜。

二、语言表达

（一）逻辑感受——因果关系

原因在先、结果在后（简称先因后果）是因果关系的特点之一，原因和结果必须同时具有，即二者属于引起和被引起的关系，意为有什么原因就会有什么结果。我们在表达中尤其要注意话语之间的因果关系。

（二）学生乐园

金　蛋

——中国儿童文学网

有天早晨，吃惊不已的老婆婆大喊大叫。"老爷！老爷！不得了！我们家的母鸡生下金色耀眼的蛋啦！"

从此，母鸡每天都生下一个金蛋，并且卖得很高的价钱。

原本很穷的他们，一下子变得很富有。然而，他们还想拥有更多的金蛋。

"鸡每天都生下一个金蛋，那么她的肚子一定有很多金子吧！"

于是，老爷爷就把母鸡杀了。可是却找不到金子。

"糟糕啦！如果让她活着，每天还能生金蛋……现在惨了。"

"鸡每天都生下一个金蛋,那么她的肚子一定有很多金子吧!"这句话两个部分展现出因果关系。前半部分在语势上拉开,语速放缓,"每天"可作重音处理,但语势不上扬,音高不升反降,这是因为要体现老爷爷心里在暗暗琢磨的语气。老爷爷最终想到了一个点子,"那么"音高瞬间拉上去,语势高起,节奏快起来,体现老爷爷终于想到答案并为这个答案感到兴奋的心情。

(三)训练节节高

针对"木头、桌子""风车、发电"这两组词,试着用因果关系把每组词中的两个词串联起来,脑中可以浮现出因果关联词,让表达更准确、到位。

三、即兴口语——线条描述

(一)对角线

对角线即图像中两个对角的连接线,向上的运动会在图像中塑造出一种和谐的效果,而向下的运动则会形成一种已成定局的、毫无生机的效果。

对角线也是斜线。图像中的所有斜线都会产生一种动态、生动而不平静的效果。

(二)学生乐园

请描述下面的三幅图,它们都由哪些线条构成?具体场景是什么?给你怎样的感觉?

（三）训练节节高

1. 多留心观察你常见的由对角线构成的场景，感受这些对角线给你的感觉，总结这些对角线都会出现在哪里，它们有什么共同点。

2. 列举生活中有对角线的场景，并描述它们。

3. 自己找一些有对角线的图片进行练习。在练习的过程中，仔细观察图片中的对角线构成了什么，在什么位置，使用了什么色彩，占整幅图片的比例有多大，呈现出什么样的效果，给你什么样的感觉。

第十七课

一、语音发声

（一）口腔控制——字尾归音

复韵母"ou""ua"综合练习：
一只猴牵着只狗，坐在油篓边上喝点酒，
猴喝酒还就着藕，狗啃骨头也啃油篓。

华华有两朵黄花，红红有两朵红花，
华华要红花，红红要黄花，
华华送给红红一朵黄花，
红红送给华华一朵红花。

（二）训练节节高

通过复韵母"ou""ua"的综合练习，将口腔控制中字尾归音阶段的要求综合运用到长句和绕口令的语流中，打开口腔的同时，归音到位而且弱收。

练习：一个胖娃娃，抓了三只大花蛤蟆。三个胖娃娃，只抓了一只大花活蛤蟆。

二、语言表达

（一）逻辑感受——呼应关系

呼应关系是指开头和结尾所表达的内容要有极其密切的关系，要对同一情况作出解释、说明、交代。

（二）学生乐园

梧桐树
——人教版小学语文同步阅读二年级上册

校园里的梧桐树，你是我们的朋友。

春天，你发芽了。一个个灰白色的、有细柔绒毛的芽苞，快乐地绽开在枝头，就像小弟弟微笑着睁开眼睛。你的树干有美丽的斑纹，绿得那么可爱。除了你，还有什么树的树干能这么绿呢？

校园里的梧桐树，你是我们的朋友。

夏天，我们在你的树阴下做功课，多么凉爽。偶尔，我仰起头来，透过密匝匝的绿叶，看见金色的阳光在闪烁，就好像看见了你明亮的眼睛。你也在看我吗，梧桐树？

校园里的梧桐树，你是我们的朋友。

秋天，你悄悄地落叶了。你为什么要落叶呢？我们把落叶积起来，点燃了。火焰跳跃着，发出呵呵的笑声。我们把黑色的灰烬埋在你的脚下，让它变成养料，使你长得更加粗壮。

这是我们真诚的希望。

校园里的梧桐树，你是我们的朋友。

冬天，在我做功课的地方，照射着灿烂的阳光。我明白了，梧桐树！你是想，人们冬天特别需要阳光，你落了叶，好让阳光给我们更多的温暖。

校园里的梧桐树，你是我们的朋友。

"校园里的梧桐树，你是我们的朋友。"这句话在文中反复出现了4次，形成较为直接的呼应关系，引导着文章的起承转合。这句话每次出现，在表达上都是有差异的。第一句总起，"梧桐树"在文章中第一次出现，朗诵时作重音处理，但情感色彩并不浓重，节奏上不快不慢。最后一句作为呼应，突出"朋友"二字；由于这句话已经出现了三次，所以这一次在咬字上可以相对放松一些，并不强调内容，而是强调情感的深度，语势要放低，就像走进心里似的。

（三）训练节节高

体会《梧桐树》这篇文章中中间两次出现的"校园里的梧桐树，你是我们的朋友"这句话，并思考它们在文章中是怎么展现呼应关系的，体会呼应感受和相应的有声语言表达的特点。朗诵时，注意语音、调值的准确，以及口腔控制是否一直处在自主的运动状态中。

三、即兴口语——线条描述

（一）大曲线、小曲线

生活中我们看到很多桥都是曲线状的，展现出一个大大的弧形，这些曲线不仅美观漂亮，而且展示了一种积极向上的力量感，起到振奋人心的作用。小曲线给我们的感觉是温柔、放松、坚实稳固、与大地接近，显示出幽默、滑稽、有趣的感觉。这种弯曲的线条会产生一种有机、自然、柔和的效果。

（二）学生乐园

请描述下面的这两幅图，它们都由哪些线条构成？具体场景是什么？给你什么样的感觉？

（三）训练节节高

1. 多留心观察你常见的由大曲线、小曲线构成的场景，感受这些大曲线、小曲线带给你的感觉，总结它们都会出现在哪里，有什么共同点。

2. 列举生活中有大曲线、小曲线的场景，并描述它们。

3. 自己找一些有大曲线、小曲线的图片进行练习。在练习过程中，看图片中大曲线、小曲线构成了什么，在什么位置，用了什么色彩，占整幅图片的比例有多大，呈现出什么样的效果，给你什么样的感觉。

第十八课

一、语音发声

（一）口腔控制——字尾归音

复韵母"iao""uai"综合练习

寄扬州韩绰判官

杜 牧

青山隐隐水迢迢，秋尽江南草未凋。
二十四桥明月夜，玉人何处教吹箫。

槐树槐，槐树槐，槐树底下好戏台；人家的姑娘都来了，我家的姑娘还没来；说着说着就来了，骑着驴，打着伞，歪着脑袋上戏台。

（二）训练节节高

通过复韵母"iao""uai"的综合练习，将口腔控制中字尾归音阶段的要求综合运用到诗词和绕口令的语流中，打开口腔的同时，归音到位而且弱收。

练习：高高山上有座庙，庙里住着俩老道。一个年纪老，一个年纪少。庙前长着许多草，有时候老老道煎药，小老道采药；有时候小老道煎药，老老道采药。

二、语言表达

（一）逻辑感受——呼应关系

呼应可以使整个表达浑然一体，更好地突出想要表达的意思。有时候呼应关系着重体现在形式上，展现出文章整体的韵律感和完整感。

（二）学生乐园

风

叶圣陶

——人教版小学语文同步阅读一年级下册

谁也没有看见过风，不用说我和你了。
但是树叶颤动的时候，我们知道风在哪儿了。
谁也没有看见过风，不用说我和你了。
但是树枝点头的时候，我们知道风走过来了。
谁也没有看见过风，不用说我和你了。
但是河水起波纹的时候，我们知道风来做游戏了。

"谁也没有看见过风，不用说我和你了。"这句话在文章中反复出现了3次，后两次的出现与第一次在内容和形式上形成呼应。朗诵时，我们要更多地保留形式上的呼应感受，所以后两次整体上要"放""松"，语速较快、语势放低且平缓，咬字力度变弱，口腔转入弱控制。这样既保证了文章的韵律感，又起到了衬托后文的作用。

（三）训练节节高

朗诵《风》这首小诗，感受"放""松"的口腔状态，但同时保证语音、调值的准确和清晰，保证舌位在整个运动过程中的完整。

三、即兴口语——方位描述

（一）上下左右前后中

上下左右前后中、左上左中左下、右上右中右下。

（二）学生乐园

请你把图片分成上下左右前后中这几个部分，依次按照"上中下""左中右""前中后"的顺序描述下面的图片。

（三）训练节节高

按照一定的方位顺序，描述你周围的场景。你的左边、右边、前面、后面分别是什么，它们的色彩、线条、形状是什么。若有人物，人物的表情、动作、服饰、言语是什么。

第十九课

一、语音发声

（一）口腔控制——字尾归音

鼻尾音韵母"-n"综合练习：

浪淘沙·北戴河
毛泽东

大雨落幽燕，白浪滔天，秦皇岛外打鱼船。
一片汪洋都不见，知向谁边？
往事越千年，魏武挥鞭，东临碣石有遗篇。
萧瑟秋风今又是，换了人间。

梅
王淇

不受尘埃半点侵，竹篱茅舍自甘心。
只因误识林和靖，惹得诗人说到今。

（二）训练节节高

通过鼻尾音韵母"-n"的综合练习，将口腔控制中字尾归音阶段的要求综合运用到诗词的语流中，打开口腔的同时，不可下颌用力，而是改变口腔开度来帮助"舌"的运动。

练习： 安然　案板　边沿　变脸　传唤　团团　本分　本人　军训　均匀

二、语言表达

（一）逻辑感受——主次关系

逻辑感受也包括主次感，主是重要，次是次重要或是非重要。在语言表达里，主次感受的体现往往关系到文章的主题和核心思想是否能够清晰地传达。

（二）学生乐园

浅水洼里的小鱼

田辉

——人教版小学语文课本二年级上册

清晨，我来到海边散步。走着走着，我发现在沙滩的浅水洼里，有许多小鱼。它们被困在水洼里，回不了大海了。被困的小鱼，也许有几百条，甚至有几千条。用不了多久，浅水洼里的水就会被沙粒吸干，被太阳蒸干。这些小鱼都会干死。

我继续朝前走着，忽然看见前面有一个小男孩。他走得很慢，不停地在每个水洼前弯下腰

去，捡起里面的小鱼，用力地把它们扔回大海。

看了一会儿，我忍不住走过去对小男孩说："水洼里有成百上千条小鱼，你是捡不完的。"

"我知道。"小男孩头也不抬地回答。

"那你为什么还在捡？谁在乎呢？"

"这条小鱼在乎！"男孩一边回答，一边捡起一条鱼扔进大海。

他不停地捡鱼扔鱼，不停地叨念着："这条在乎，这条也在乎！还有这一条、这一条、这一条……"

这篇文章的情感爆发点在最后一段，前面的段落是在作铺垫。因此，最后一段是主，之前的段落是次。所以语势上要形成鲜明的对比，前者语势较低，语速正常，后者开头就高起，节奏快，情感色彩强烈。

(三) 训练节节高

针对"桌布、剪刀""手机、摇椅""你今天来吗？你不来我就去！"用主次关系感受，将每一组中的两部分串联起来。想一想突出的主要部分除了语势上扬、语速加快之快，是否还有别的方式？

三、即兴口语——方位描述

(一) 三个区域：中心区、余光区、边缘区

中心区即"视觉中心"，一方面是指平面艺术（如绘画）中的

主体；另一方面是指人的视野在一个平面中的中心点。

余光区指当视觉集中于一点时所看到的其他事物。人眼就像照相机一样，会高度自动化地调焦，会对凝视物自动快速调焦。

边缘区即边缘视觉，视网膜边缘处对眼角以外事物的反应，它易产生运动夸张感，引起无意注意和下意识反应。

（二）学生乐园

1. 练习区分图片中心区、余光区、边缘区以及这些区域里的事物。

2. 练习从图片中心区开始向余光区扩散再到边缘区，描述你所看到的色彩、线条等。

（三）训练节节高

1. 观察你周围的场景，说出在视觉的中心区、余光区、边缘区分别看到了什么？说出它们的色彩、线条、具体位置、大小比例、是运动的还是静止的？给你什么样的感觉？

2. 不断地移动你的视线，使你的眼睛看到的中心区、余光区和边缘区处在运动变化中。每移动一次，描述一次你看到的场景。在不断运动变化中，完整地描述你周围的世界。

第二十课

一、语音发声

（一）口腔控制——字尾归音

鼻尾音韵母"-ng"综合练习：

忆江南

白居易

江南好，风景旧曾谙。
日出江花红胜火，春来江水绿如蓝。
能不忆江南？

（二）训练节节高

通过鼻尾音韵母"-ng"的综合练习，将口腔控制中字尾归音阶段的要求综合运用到诗词和绕口令的语流中，口腔开度由开到闭，舌位变化较大。

练习：洪湖水，浪打浪，洪湖岸边是家乡，清早船儿去撒网，晚上回来鱼满舱。

二、语言表达

（一）逻辑感受——总分总关系

总分总关系是一种结构方式：在开头概括地提出主题；中间展开，进行详细的描述或论证；结尾总括，再次点明主题。中间各部分可以是并列关系、层递关系、对比关系等，但不能是包含或交叉关系。在语言表达中，这种结构方式可以让语言更具完整性。

（二）学生乐园

葡萄沟

葡萄沟

权宽浮

——人教版小学语文课本二年级下册

新疆吐鲁番有个地方叫葡萄沟。那里出产水果。五月有杏子，七八月有香梨、蜜桃、沙果，到九十月份，人们最喜爱的葡萄成熟了。

葡萄种在山坡的梯田上。茂密的枝叶向四面展开，就像搭起了一个个绿色的凉棚。到了秋季，葡萄一大串一大串挂在绿叶底下，有红的、白的、紫的、暗红的、淡绿的，五光十色，美丽极了。要是这时候你到葡萄沟去，热情好客的维吾尔族老乡，准会摘下最甜的葡萄，让你吃个够。

收下来的葡萄有的运到城市去，有的运到阴房里制成葡萄干。阴房修在山坡上，样子很像碉堡，四周留着许多小孔，里面钉着许多木架子。成串的葡萄挂在架子上，利用流动的热空气，把水分蒸发掉，就成了葡萄干。这里生产的葡萄干颜色鲜，味道甜，非常有名。

葡萄沟真是个好地方。

开头点题,开门见山,"到九十月份,人们最喜爱的葡萄成熟了"这句承前启后。这篇文章在语气上整体给人的感觉是娓娓道来,感情色彩并不浓重,更多的是客观、理性的阐述,朗诵时语速适中,音色、音强没有明显变化。第二、三段则有大量的气息变化,声音的明暗、虚实、强弱、刚柔、厚薄等都会依据我们设身处地体会到的不同情景而有着丰富且细腻的变化。最后一句作为总结,情感加深,但声音形式变化不大。

(三)训练节节高

朗诵《葡萄沟》这篇文章,注意运用情景再现的内部技巧,体会有声语言抽象性和具体性之间的关系与差异。注意用声状态要做到能紧能松、能放能收。

三、即兴口语——轮廓描述

(一)轮廓

轮廓指边缘,物体的外周或图形的外框边缘连接起来就成为轮廓。轮廓可以是断开的,也可以是封闭的。

(二)学生乐园

请你描述以下这两幅图片的轮廓,并说出它们带给你什么样的感觉。

（三）训练节节高

1. 观察生活中其他不同场景或图片的轮廓。

2. 结合上面两幅图，细致体会画面主体的轮廓和其他事物的轮廓如何构成图片整体的轮廓。由大到小的视觉捕捉有利于描述和表达一幅画。

3. 试着从大的轮廓到小的细节来描述下面两幅图片，以及这些轮廓的综合运用会带给我们什么感觉。

第二十一课

一、语音发声

（一）呼吸控制

在发声过程中，要注意呼吸控制，气息要顺畅、均匀、深浅适中、运用自如。

（二）腹肌弹发和膈肌弹发训练

腹肌弹发练习：

用腹肌爆发弹力将气集中成束送到口腔前部，可以用以下四个音来配合：ha、hei、huo、he。开始需要一声一声地发，注意腹肌弹发和舌根配合发"ha"时，舌根、下巴均须放松，软腭须上挺，后咽壁也须收紧挺直。发出的声音应该有力度，有一定基础后可以连续发音。当能连续稳定在一定力度状态发音后，可以改变音强、音高、力度强弱等。在发"ha"时，听起来像京剧小生的笑，在发"hei"时像冷笑。

膈肌弹发练习：

这是在传统膈肌锻炼方法"狗喘气"的基础上改进后的练习。膈肌弹发与"狗喘气"的不同在于：一是变开口为闭口，这样可以减轻气流对喉部的摩擦；二是变无声为有声，在呼气的同时发"hei"音。

（三）训练节节高

通过腹肌弹发和膈肌弹发的训练，让腹肌、膈肌充分运动，得到锻炼。在练习过程中，重点体会腹肌弹发和膈肌弹发的锻炼与发声之间的联系。

练习：一口气弹发"1、2、3、4"，换气后"2、2、3、4"，接着换气后"3、2、3、4"延续下去。

二、语言表达

（一）逻辑感受——总分总关系

在总分总结构中，整个文章在内容、情感、寓意上会有一个深化；在有声语言的处理上，也需要学会为后面的深化留下余地。

（二）学生乐园

风儿来找小胖猪

金　波

小胖猪波波生病了。

他整天躺在床上哼呀哼，一会儿喊头疼，一会儿喊嗓子疼，也没人跟他玩儿啦！

"咚！咚！咚！"是谁敲窗子？

妈妈推开窗子一看，原来是风儿。

风儿对波波说："我来找你玩儿，我给你送来了花香。"

小胖猪波波闻一闻，啊，好香啊！他的病就好了一点点。

第二天早晨，风儿来到小胖猪家。风儿对波波说："我来找你玩儿，我让你的风车达啦达啦转起来！"风儿一吹，风车就达啦达啦转起来了。

小胖猪波波跟着风车跳起了舞，他的病又好了一点点。

第三天早晨，风儿又来到小胖猪家。风儿对波波说："我来找你玩儿，我让你的风铃儿丁零丁零响起来！"风儿一吹，风铃就丁零丁零响起来了。

小胖猪波波跟着风铃声唱起了歌。他的病又好了一点点。

现在风儿天天带着花香、转着风车"达啦达啦"、摇着风铃"丁零丁零"来跟小胖猪波波玩儿，他的病全好啦！

从小胖猪得病,到一天、两天、三天一点点好起来,再到最后病都好了,整个文章呈一个递进的趋势,情感色彩也越来越明亮。所以,朗诵第一天和第三天时,在有声语言的处理上,语势起伏越来越大,以此来表现小胖猪一天比一天活蹦乱跳。第二天的"达啦达啦"和第三天的"丁零丁零"都是拟声词,但放到文章中看,前者咬字力度较弱,后者音高较高。

(三)训练节节高

文章中一共出现了三个"我来找你玩",想一想在表达时它们有怎样的不同?

三、即兴口语——综合描述

(一)图片

主要从色彩、线条、方位这三个方面入手来描述图片。有的图片色彩最突出,有的图片线条运用得最好,还有的图片方位布局很吸引人,将这三者结合起来,综合把握对不同图片的描述。

在色彩、线条、方位、轮廓、视觉顺序的帮助下,对一幅图片的描述会愈发清晰,但这些要素的综合描述是为了揭示主题、引人深思,说明图片背后的深刻意义。用这些要素描述图片的同时,还要学会挖掘这些要素背后所要表达的含义。

（二）学生乐园

试着从色彩、线条、方位这三个方面描述下面两幅图片，并且重点描述最吸引你的部分。

（三）训练节节高

1. 细致观察生活中的场景，不仅观察事物的色彩、方位、线条，而且能够捕捉到事物之间的联系以及产生的意义。
2. 请使用不同的视觉方位顺序描述以下图片中景物的色彩、线条、轮廓。说说这些图片带给你什么样的感觉，有什么特征，体现了什么意义。

第二十二课

一、语音发声

（一）呼吸控制

在上节课学习呼吸控制的基础上，接着训练慢吸慢呼，感受呼吸快慢的变化。

（二）慢吸慢呼训练

（1）闻花

立定站稳或一只脚稍向前，双目平视前方，头正，双肩放松，鼻子吸气，仿佛闻到了花的芳香，会觉得肺的下部及腰部都充满了气息，感觉气入丹田。保持几秒钟，然后再缓缓地呼出。

（2）"a"音延长

用慢吸慢呼的动作，发单元音"a"的延长音。用自己最舒服的声音，逐渐由小到大、由低到高、由近到远、由弱到强。气息要通畅自如，下颚、舌根不要紧张，喉部放松，让气流集中打到硬腭前端发出。

（3）数数练习

慢吸气吸到八成满，呼气时数1、2、3、4、5……数的速度要慢，吐字要清楚，嘴上用力，不要紧张；发完一个音后马上控制好气息，别跑气、换气，喉要松，气要通，直至一口气数完，能数多少就数多少，逐渐增加。

（三）训练节节高

重心下沉，躯干前倾，肩和前胸放松，颈直，腰直，胸微含，从容吸气，吸入肺底；呼气时缓缓吹出，要求气流少量集中、均匀缓慢。

练习：发出不间断的"si"音。

二、语言表达

（一）逻辑感受——总分关系

进行语言表达时，一定要想清楚先说什么、后说什么，只有这样才能把想要说的内容说清楚。眉毛胡子一把抓，不分主次，会让听的人不知道你究竟想表达什么内容。

（二）学生乐园

仙 鹤

吴 珹

——人教版小学语文同步阅读二年级上册

仙鹤

它们真的是从天上飞来的鸟儿吗？为什么飞到我们的湖边来呢？

是因为这里有静静的湖水，有肥美的鱼虾，有鲜嫩的水草。它们一定喜欢这个地方！

早晨，彩霞映着湖面；

傍晚，夕阳染红芦苇；

它们鼓动翅膀,翩翩起舞;

它们一起嬉戏,一起唱歌。

美丽的仙鹤呀,长长的腿,长长的腿,穿一件洁白的衣裳,头顶上还点着红点。

它们在这里自由自在地生活,天天好像过节一样。

当它们在湖边散步的时候,戴红领巾的大哥哥、大姐姐,把它们画了下来……

总括之后,后面的部分分开来展现仙鹤的美与景色的美之间的融合。在朗诵时,这样的结构可以为听者营造一种延伸感,让听者感到似乎还有很多美丽的画面没有展现一样。"把它们画了下来……"朗诵到这里时,脑海中要不由自主地浮现出画中的内容。最后一个"来"字,语势不完全落到底,既表示朗诵内容的结束,同时还可留给听者继续想象的空间。

(三)训练节节高

找出《仙鹤》中除了总分关系外还有哪些逻辑感受,这些逻辑感受的表达和文章整体的总分是怎样的关系,以及在有声语言表达上如何从整体上表现不同的逻辑感受。朗诵时,自主控制气息,使其一直处于运动状态。

三、即兴口语——倾听训练

（一）提出问题

如果我们希望发言者传达的观点更加清晰，或是需要更多的信息，或是对某些内容感到好奇，我们就可以进行提问。提问可以帮助我们更准确地理解信息。

（二）学生乐园

听一则故事《朱熹写"惜时"》，听完后提出你的问题，你哪里没听清楚，哪里不理解，哪里还想要深入了解，你对哪里感到好奇，都可以提出来。

朱熹写"惜时"

（三）训练节节高

1. 在日常生活中，我们不论是听老师讲课，还是听爸妈讲话、和同学交流，都要学会倾听，因为有可能听不清楚、听不明白，或是想要知道更多，因此，我们就要学会提问，不断地消除疑惑和不解。不妨从今天起就养成多提问的习惯吧！

2. 开放式提问才有可能海阔天空地谈，封闭式提问是让对方明确给出一个答案，我们要学会根据自己的需要提问。

3. 在今天的课即将结束的时候，向老师提出问题，可以是自己不懂的，想深入了解的，疑惑或好奇的事情等。

第二十三课

一、语音发声

（一）呼吸控制

通过快板儿练习可以强化呼吸控制，更加自如地吸气和呼气。

（二）快吸快呼训练

快板儿

给诸位，道大喜，人民政府了不起！
了不起，修臭沟，上边儿先给咱们穷人修。
请诸位，想周全：东单、西四、鼓楼前；
还有那，先农坛、天坛、太庙、颐和园；
要讲修，都得修，为什么先管龙须沟？
都只为，这儿脏，这儿臭，政府看着心里真难受！
好政府，爱穷人，教咱们干干净净大翻身。
修了沟，又修路，好教咱们挺着腰板儿迈大步；
迈大步，笑嘻嘻，劳动人民又心齐。
齐努力，多做工，国泰民安享太平，享——太平！

（三）训练节节高

吸气时，两肋打开，吸到肺底，腹壁站定；呼气时，集中、快速。

练习：老师带领学生进行"狗喘气"练习。

二、语言表达

（一）逻辑感受——总分关系

总分的文章结构最后不以概括结尾，而是仍在叙述，这种结尾往往更有力度。

（二）学生乐园

画家和牧童

杨学良

——人教版小学语文课本二年级下册

画家和牧童

唐朝有一位著名的画家叫戴嵩。他的画一挂出来，就有许多人观赏。看画的人没有不点头称赞的，有钱的人还争着花大价钱购买。

传说有一次戴嵩的好朋友请他作画。画什么呢？戴嵩沉思片刻，决定画一幅《斗牛图》。他一会儿浓墨淡抹，一会儿轻笔细描，很快就画成了。围观的看了纷纷称赞。

"画得太像了，画得太像了，这真是绝妙之作。"一位商人称赞道。

"画活了，画活了，只有神笔才能画出这样的画！"一位教书

先生赞扬道。

"画错啦,画错啦!"一个牧童挤进来喊着。这声音好像炸雷一样,大家一下子都呆住了。这时,戴嵩把牧童叫到跟前,和蔼地说:"小兄弟,我很愿意听到你的批评,请你说说什么地方画错啦?"牧童指着画上的牛说:"这牛尾巴画错了。两牛相斗的时候,全身的力气都用在角上,尾巴是夹在后腿中间的。您画的牛尾巴是翘起来的,那是牛用尾巴驱赶牛蝇的样子。您没有见过两牛相斗的情形吧?"

戴嵩听了,感到非常惭愧。他连连拱手,说:"多谢你的指教。"

一句"多谢你的指教",故事戛然而止,没有解释、没有总结、没有概括。在有声语言表达上,这句话的语气非常谦虚且肯定。整篇文章的主题和寓意都在这句话里,这句话既是结尾,又是全文的点睛之笔。在有声语言的处理上,这句话不能简单地作重音处理,而是在语势上要保持平缓,略低一些,咬字力度比正常偏小一点,体现出画家的虚心受教与博大心胸。

(三)训练节节高

朗诵《画家和牧童》这篇文章,主动运用情景再现技巧,注意有声语言表达上的变化,展现蕴含在文章中的各种逻辑关系。

三、即兴口语——聚敛思维

（一）求同法

聚敛思维是从已知的种种信息中得出一个结论，从现成的众多材料中寻找一个答案。求同法是在诸多有联系的事物中找出共同点的方法。

（二）学生乐园

1. 找相同。"太阳、西瓜、西红柿"它们三个本来是各不相同的事物，你能找出它们三个的共同点吗？

2. 找相同。说一说"电脑、手机、汽车"有什么共同点？

3. 找相同。说一说"马、牛、羊"有什么共同点？

（三）训练节节高

1. 世界上的万事万物都处在相互联系当中，很多看似毫无关系的事物也许存在着某种联系。我们通过"找相同"，不仅可以训练聚敛思维能力，而且还能透过现象发现很多事物的本质。

2. 在日常生活中，要多去观察事物，建立联系，找相同。

3. 生活中，很多发明都来源于求同法，比如所有能在天空中飞翔的鸟类都有一个共同点，就是有翅膀。所以，我们放的风筝也是有翅膀的，我们发明的飞机也是有翅膀的。除此之外，你还能举出类似的例子吗？

第二十四课

一、语音发声

（一）喉部控制——音高变化训练

螺旋式上绕、下绕练习：

用"a"或"i"音，从说话的自然音高中的某一个音开始，持续发音，逐渐"环形上绕"，即向高音扩展，而后再由刚才达到的、力所能及的高音逐渐"环形下绕"，周而复始、循序渐进。

（二）训练节节高

喉部积极而放松，喉头稳定，不可过紧。

练习：老师带领学生进行阶梯式升高、降低练习。

二、语言表达

（一）逻辑感受——分总关系

分总关系是指一开始直接进入具体、详细的表述，最后进行总结或概述，这样可以让文风更加生动。在有声语言表达上要体会瞬间投入的状态。

（二）学生乐园

家
——人教版小学语文同步阅读二年级上册

毛虫的摇篮是树叶，住在花瓣上的是蝴蝶。

爱唱歌的鸟儿，有一个舒服的窝，勤劳的蜜蜂，住着漂亮的大宿舍。

蓝色的小河里，游着鱼和虾，绿色的原野，是蜻蜓的家。

可怜的风没有家，东奔西跑，找不到地方歇一下。

天上的云，也无家可归，天一阴，就急得流眼泪。

我们最幸福啦！一生下来，爸爸妈妈就准备好温暖的家，让我们安安稳稳地在家里长大。

本文一开始就直接进入对具体事物的描述，显得十分生动。在有声语言表达上更是结合文章轻快的基调，开头直接语势高起，音色清脆明亮，音高较高，在开口的同时脑海中要同步出现画面。做到一开始时情绪就比较饱满，声音状态积极，自主地调动内心感受。

（三）训练节节高

朗诵《家》这首小诗，运用有声语言来表达文章中直接的或是间接的逻辑关系，比如并列、转折等。自主运用语势、音色、咬字力度上的变化来表达逻辑感受。

三、即兴口语——聚敛思维

（一）求异法

求异法就是在相似或同类事物中找出不同点。

（二）学生乐园

1. 一年四季，春夏秋冬，我们很多时候不看天气预报也知道冷暖。因为春夏秋冬有明显的不同，有很多的征兆，你能说说这些不同和征兆吗？

2. 太阳每一天都是遵循同样的轨迹运行的，说一说早晨、正午和傍晚时太阳的不同吧！

3. 上节课我们说在天空中飞翔的鸟都有翅膀，可是这些鸟也各有不同。如"麻雀、老鹰、海鸥"它们都是鸟类，但都各不相同，你能找出它们的不同吗？

（三）训练节节高

1. 观察生活中的不同。比如老师讲课每天讲的内容并不一样，这不相同的地方就是每天讲课的重点，你明白了吗？

2. 说一说你在学习和生活中观察到的不同以及这些不同现象产生的不同结果。

第二十五课

一、语音发声

（一）喉部控制——虚实对比练习

　　啊（实）——啊（虚）
　　啊（虚）——啊（实）
　　大海（实）——大海（虚）
　　大海（虚）——大海（实）
　　大海啊（实）——大海啊（虚）
　　大海啊（虚）——大海啊（实）

（二）训练节节高

喉部积极而放松，喉头稳定，不可过紧。

练习：日照（实虚）香炉（虚）生（实）紫烟（虚）

二、语言表达

（一）整体感受

　　整体感受是感受的深化，而不是简单的形象感受与逻辑感受的混合。形象感受中分布着逻辑感受的神经，而逻辑感受中也充满着形象感受的血肉。只有将二者结合起来，才是整体感受。

（二）学生乐园

春风是什么颜色

冯幽君

——人教版小学语文同步阅读二年级下册

春风一吹，就把柳丝染绿了。春风是绿色的吗？
春风一吹，就把桃花染红了。春风是红色的吗？
春风一吹，就把梨花染白了。春风是白色的吗？
啊，春风，请你告诉我：你到底是什么颜色的？

春风是什么颜色

　　整篇文章呈现分总的逻辑脉络，同时，三个"春风一吹"是并列关系。理清文章的逻辑结构之后，我们要积极调动内心对春风的感受进行情景再现，春天多姿多彩的景象以及那柳丝、桃花、梨花就像在眼前一样。我们不仅看到颜色，还看到那春风吹动柳丝，柳丝柔和地飘动着的情景。"丝"字在朗诵时，咬字要轻巧、柔和，体现出婴儿般的娇嫩感。

（三）训练节节高

　　朗诵《春风是什么颜色》这首小诗，注意前三个问句，虽然在逻辑关系上它们是并列的，但没有主次不代表在表达上没有差别。在语势上，疑问的情感色彩要有不同，不能作简单的重复。

三、即兴口语——聚敛思维

（一）同异并用法

同异并用法是求同法和求异法的联合运用。

（二）学生乐园

1. 说一说"项链和书"的相同和不同之处，最后得出结论。
2. 说一说"桌子和笔"的相同和不同之处，最后得出结论。
3. 说一说"雪花和星星"的相同和不同之处，最后得出结论。

（三）训练节节高

1. 老师讲课，每天都讲，可每天讲的内容并不一样，这不同的地方就是每天讲课的重点。把老师每天讲的内容结合起来思考其相同点，就会发现一个系统，最后就能得出结论。请用同异并用法分析、总结老师的讲课。

2. 运用同异并用法，说一说你在学习中看到、听到或想到的一些人和事，最后得出结论。

第二十六课

一、语音发声

（一）共鸣控制

共鸣控制是播音发声中的重要一环。它可以扩大和美化声音，改善声音质量，提高声音色彩的表现力。

注意用自然的声音发声，丹田与硬腭这两端用气形成一条线，要均匀、和谐、圆润、自如。

共鸣练习：

1. a、o、e、i、u、ü六个元音的单发。

2. 双唇音与开口呼韵母拼合音节练习。

b–ang–bāng（帮）

p–ang–páng（旁）

m–ang–máng（忙）

b–ai–bái（白）

（二）训练节节高

练习时速度要慢，注意韵腹拉开立起，收好字尾，声音似挂在硬腭前。

柔和色彩的短句、字词练习：

鸟语花香　和风细雨　栩栩如生　山水相连

山河美丽　山明水秀　花红柳绿　锦绣河山

二、语言表达

（一）整体感受

形象感受与逻辑感受相互结合，把文本的序列、扩展、全貌、细节尽收眼底。

（二）学生乐园

雨天的歌

雨天的歌

刘湛秋

——人教版小学语文同步阅读二年级下册

从灰蒙蒙的天上，从飘动着的云层里，从轻悠悠的南风中，落下来了，落下来了——雨，春天的淡蓝色的雨啊！

千万条银丝，荡漾在半空中，弥弥漫漫的轻纱，披在黑油油的田野上。

雨落在水库里，像滴进晶莹的玉盘，溅起了粒粒珍珠；雨落在树梢上，像给枝条梳理着柔软的长发；雨落在大地里，卷起一阵轻烟，土地好像绽出一个个笑的酒窝……

雨，春天的淡蓝色的雨啊！

从学校的玻璃窗上流下来，从新打的抽水井边上流下来，从拖拉机的车轮上流下来，仿佛在给匆匆赶来的春天洗尘。

老大爷站在院子当中，眼睛眯成一条线，雨从他的旱烟管上流下来。年轻的姑娘，顾不得淋湿自己的花衣裳，在雨中唱歌，雨从她的发辫上流下来。

雨，春天的淡蓝色的雨啊！

它轻轻地轻轻地流过人们的心田。

像醇酒一样浓烈。

像甘露一样清凉。

落啊落啊！好像在大地上敲起了一阵叮咚叮咚的鼓点……

"雨，春天的淡蓝色的雨啊！"这句在文章中反复出现，形成呼应的关系，贯穿了整篇文章。"雨落在水库里""雨落在树梢上"与"雨落在大地里"形成并列关系；前三段形成了总分的结构形式。在并列关系里，就形象感受上的着力力度而言是基本相似的，没有主次之分，每一个画面的"景别"基本相似。但如果有的是中景，有的是特写，那么特写的力度肯定是大于中景的，这样就在感受上分出了主次。

（三）训练节节高

朗诵《雨天的歌》这篇文章，体会两种感受的交叉并行。注意朗诵时思想感情要一直处于运动状态，语音、调值清晰，声音在音色、音强、音高、音长上富有变化。

三、即兴口语——聚敛思维

（一）追问法

追问法就是打破砂锅——问到底，不要浅尝辄止，这样可以使我们看问题更深刻。

（二）学生乐园

1. 运用追问法，问老师问题。如：为什么死海不死人？为什么苹果熟了会落地？想一想，自己在学习和生活中都有哪些疑问，追问下去吧，直到找到答案为止！

2. 同学之间互问互答，当都回答不上来的时候问老师，老师也不懂的时候就问父母或是查资料。如：为什么会出现雾霾？为什么有时在白天也会看到月亮？

（三）训练节节高

1. 善于利用追问法，在平常的交流中要多去追问，这样我们才会了解得更深入，对很多事情才会更明白，也更有利于我们全面地看问题。

2. 假如一个地方着火了，你要知道着火的原因和真相。你会问哪些人问题？会问些什么？

第二十七课

一、语音发声

（一）共鸣控制

善于运用胸腔共鸣，可使声音听起来洪亮、结实、有力，提供给观众和听众真实感、可信感。

胸腔共鸣练习：

1．"a"元音练习，用较低的声音发出，声音不要过亮，可手按胸部，体会共鸣。

2．发夸大的上声来体会。

好（hǎo） 百（bǎi） 米（mǐ） 走（zǒu） 老（lǎo）

小（xiǎo） 秒（miǎo） 讨（tǎo）

3．词语练习

武汉　暗淡　反叛　散漫

到达　蹒跚　计划　航海

百（bǎi）炼（liàn）成（chéng）钢（gāng）

翻（fān）江（jiāng）倒（dǎo）海（hǎi）

（二）训练节节高

体会胸腔共鸣，在发声练习中，找到胸部振动的感觉，并且在振动强烈时，用这种感觉练习胸腔共鸣。

句段练习：

1. 小柳树，满地栽，金花谢，银花开。

2. 树，有时孤零零的一棵，直挺挺把臂膊伸展。花，有时单个个一朵，静默默把微香散播。唯独草，总是拥拥挤挤，长到哪儿，哪儿就蓬蓬勃勃。一片片、一丛丛，有着烧不尽的气魄。

二、语言表达

（一）整体感受

有的文章严谨有余、生动不足，那是因为逻辑感受的序列性较形象感受强，捆住了各段扩展形象感受的手脚。这时，就要注意运用形象感受，用生动形象的语言表达使文章鲜活起来。

（二）学生乐园

阿德的梦

——人教版小学语文同步阅读

阿德早早地起了床。今天上午10点，他要乘坐21世纪最新的载人飞船，到火星上去旅游，并顺便去月球看望移居到那里的亲人。

离飞船起飞的时间还有半个小时，怎么打发这段时光呢？阿德拨通了可视电话，要跟月球上的外婆聊聊天。

外婆出现在电话的屏幕上。"外婆，您好！两个小时以后就能见到您了。"

"这么快呀！"

"当然喽！我这次坐的飞船是新型的。"

"外婆，听说月球上的科研人员已研制出了无污染的太阳能汽

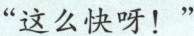

车,市场上有卖的吗?"

"噢!大商场里都有!"

阿德打开掌上电脑,进入月球最大的网上销售中心。"我要预订这辆太阳能汽车,下午两点来取……"

预订环保新车型,动力来自太阳能。

"亲爱的旅客,飞船就要起飞了,请系好安全带。"

"呜——"飞船长鸣一声飞向太空。这时,阿德的安全带还没系好,他从椅子上滑了下来!

"哎呀!"阿德大叫一声。睁开眼一看,原来是一场梦。

文章按照事件发展的逻辑脉络,节奏紧凑地展开剧情。朗诵时,不能只是在意事件发生的先后顺序、逻辑关系,同时,我们脑海中要有一幅绚丽的太空飞船即将出发的画面,还要清楚这是一场梦,所以画面的风格可以较为脱离实际,银色、白色或是五颜六色。想象越丰富,有声语言就越生动。如果我们过分紧扣内容的发展节奏,那么有声语言的色彩性、趣味性、感染力都会受到影响,反而与"梦"的主题脱节了。

(三)训练节节高

朗诵《阿德的梦》这篇文章,感受既要设身处地"坐在"飞船里,又要意识到这些画面"梦"的特点。

三、即兴口语——倾听训练

（一）阐释内容

阐释是指将听到的话语中的精华和情感进行总结，并用自己的话讲述。它能提高我们对话语的领悟能力、理解能力和总结、表达能力。

（二）学生乐园

听完《"神童"的秘诀》这篇文章后，阐释文章的重要信息，弄清楚陈毅爷爷是如何学习的，文章表达了怎样的思想感情。

"神童"的秘诀

（三）训练节节高

1. 将今天上过的课、老师讲过的内容选取一段进行阐释，要求清楚、明白，重点突出。

2. 听父母讲故事，之后对这个故事进行阐释和总结，说出你自己的想法和理解。

第二十八课

一、语音发声

（一）综合练习——双词练习

1. 阴阴
播音　班车　发声　端庄　西安　灯光
星空　丰收　香蕉　江山　咖啡　单一

2. 阴阳
新闻　发言　中国　征程　坚决　鲜明
飘扬　编排　加强　星球　签名　安全

3. 阴上
听讲　歌舞　方法　批准　发展　班长
灯塔　生产　艰苦　争取　签署　根本

4. 阴去
播送　音乐　欢乐　庄重　规范　通信
飞快　尊敬　希望　中外　帮助　加快

（二）训练节节高

在声调练习的同时，结合口腔控制、呼吸控制、喉部控制、共鸣控制加以练习。

二、语言表达

（一）整体感受

有的朗诵者表达感受时生动有余，但严谨不足，形象感受十分强烈，隔断扩展东奔西突，但是，逻辑分析不足，打破了逻辑感受的承接、延续的序列性。

（二）学生乐园

住的梦（节选）
老 舍

住的梦（节选）

　　不管我的梦想能否成为现实，说出来总是好玩的。

　　春天，我将要住在杭州。二十年前，那是旧历的二月初，在西湖上我看见了嫩柳与菜花，碧浪与翠竹。由我看到的那点儿春光，已经可以断定，杭州的春天必定会教人整天生活在诗与图画中的。所以，春天我的家应当在杭州。

夏天，我想青城山应当算作最理想的地方。在那里，我虽然只住过十天，可是它的幽静已拴住了我的心灵。在我所看见过的山水中，只有这里没有使我失望。到处都是绿，而且都是像嫩柳那么淡，竹叶那么亮，蕉叶那么润，目之所及，那片淡而光润的绿色都在轻轻地颤动，仿佛要流入空中与心中去似的。

"到处都是绿，而且都是像嫩柳那么淡，竹叶那么亮，蕉叶那么润"，这句的画面感很强。但我们在朗诵时，不能为"看见"而"看见"，这样会使这部分内容显得突兀，打破段落的整体逻辑，甚至喧宾夺主。

（三）训练节节高

天山上，一群群的牛羊，像一大片云朵，缓缓地移动着，偶尔有一只乱跑了出来，打乱了队形，整片云朵会突然快速地朝着一个方向移动，然后又停下来，就像风停了下来一样。

朗诵这个小段落，运用语势起伏、咬字力度、节奏快慢等技巧，保证画面的生动性与逻辑感受上的准确性。

三、即兴口语——副语言

（一）对话时的距离

副语言是指与话语同时或单独使用的手势、身势、面部表情，以及对话时的位置、距离等，一般有配合语言加强表达能力的作用。对话时的距离也能传达信息。人际沟通中的距离一般可以分为四种：亲密距离（15厘米—44厘米）、个人距离（46厘米—122厘米）、社会距离（1.2米—3.7米）、公共距离（3.7米—7.6米）。

（二）学生乐园

试着用以上四种距离和同学们交流、说话，感受四种距离的不同，并根据距离的远近，自觉地调整话语状态和声音高低。

例如："我们是相亲相爱的一家人，我们要有福同享、有难同当。"每位同学可以站在四种距离上和同学说这句话。

（三）训练节节高

1. 熟悉并掌握这四种距离的大致范围，在日常的生活中学会恰当运用。

2. 注意观察不同交际情境之下的谈话距离。

第二十九课

一、语音发声

（一）综合练习——四字词练习

1.四声气息控制练习

巴（bā）　拔（bá）　把（bǎ）　爸（bà）

低（dī）　答（dá）　打（dǎ）　大（dà）

2.夸张的上声练习

ǎ　ǐ　ǎi　ǎo　ǔ

好（hǎo）　美（měi）　满（mǎn）　想（xiǎng）

养（yǎng）　场（chǎng）　请（qǐng）　跑（pǎo）

百（bǎi）炼（liàn）成（chéng）钢（gāng）

千（qiān）锤（chuī）百（bǎi）炼（liàn）

3.句段练习

静夜思

李　白

床前明月光，疑是地上霜。

举头望明月，低头思故乡。

（二）训练节节高

在练习四字词的时候，结合口腔控制、呼吸控制、喉部控制、共鸣控制同时练习。

练习： 风云雨露　山河美丽　天然宝藏　资源满地
　　　　新闻简报　工农子弟　身强体壮　精神百倍
　　　　心明眼亮　光明磊落　山明水秀　风调雨顺

二、语言表达

（一）整体感受——语感

语感，即对语言的感受。听说读写、言谈话语都缺少不了它。语感是立体的、动态的，几乎包含了人类所有的感受力。

（二）学生乐园

海鸥姑娘
——中国儿童文学网

海鸥姑娘

小海鸥十分漂亮，她特别爱美。

早晨，小海鸥拍打着翅膀飞到大海上。

大海是小海鸥的镜子，她每天都到这儿来梳洗打扮。

小海鸥对着这面镜子瞧啊，照啊，她一会儿扭动身躯，一会儿梳理羽毛，自以为是天底下最美的姑娘。

正在小海鸥十分得意的时候，几句刺耳的话从海岸的岩石那边儿飞过来："臭美！臭美！"造燕窝的小雨燕七嘴八舌地议论，"不劳动，没人喜欢你！"

"哼，你们嫉妒我！"小海鸥不服地扭过身子，继续照镜子。

中午，小海鸥飞到海礁上，啄食岸边晾晒的鱼虾。突然，海燕跑过来说："懒家伙，不许吃，那是我们捕的鱼虾！"

小海鸥坐在岸边的礁石上哭了，哭得好伤心哟！镜子里的她一点儿也不美。

大海妈妈对她说："劳动，是最高尚的美德，你为什么不去和他们一起劳动呢？"

小海鸥点了点头。

后来，海鸟劳动者的队伍里又多了一只美丽的海鸟，她就是小海鸥。

"臭美！臭美！"这两个词，如果我们不把它放在文章中就可以用很多种语气去表达。当把这两个词放到这篇文章中时，它就被赋予了某种存在的意义，也就有了表达方式"对不对"的问题。无论是情景再现的运用，还是逻辑感受上的把握，都会渐渐地强化我们的语感，让表达更加到位。

(三) 训练节节高

朗诵《海鸥姑娘》这篇文章，体会两种感受的交叉并行。自主地调动内心情感，体会气息变化时腹壁力量的不断调整。语音、调值准确，口腔内部呈枣核形，力量集中在舌头的中纵线上，嘴唇力量集中在唇中间三分之一处。声音在音色、音强、音高、音长上要富有变化。

三、即兴口语——副语言

（一）综合

副语言指无声而有形的现象，说话时手势、身势、面部表情，以及对话时的位置和距离等，都能表示某种意义，能够配合语言加强意义的表达。

（二）学生乐园

每人上台给大家讲一个你印象最深刻的故事，要配合运用副语言。你的手势、站姿、面部表情、所站的位置都要符合一定的规范。

（三）训练节节高

1. 学会运用手势、身势、面部表情、对话的位置和距离等副语言，能够在不同的场合，配合语言的需要灵活、恰当地运用。

2. 在生活中要善于观察他人的副语言，通过副语言去揣摩言外之意，去了解它们真实的含义。副语言传递的是语言之外的情绪、情感。

3. 在和别人交流、给别人讲故事或演讲时，大胆地运用副语言吧，它会使你的表现更有感染力，让大家更喜欢你。

第三十课

一、语音发声

(一)综合练习——诗歌练习

四声歌

学好声韵变四声,阴阳上去要分明。
部位方法要找准,开齐合撮属口型。
双唇班报必百波,舌面积结教坚精。
翘舌主争真知照,平舌资则早在增。
擦音发翻飞分夏,送气查柴产彻称。
合口呼午枯呼古,开口高坡歌安争。
撮口虚学寻徐剧,齐齿衣优摇业英。
前鼻恩因烟弯稳,后鼻昂迎中拥生。
循序渐进坚持练,不难达到纯和清。

(二)训练节节高

在朗诵这首诗歌时,每一句都有重点,我们可以用提高音高高度的方法来拎重音。同时结合口腔控制、呼吸控制、喉部控制、共鸣控制一同练习。

练习：

黄鹤楼
崔 颢

昔人已乘黄鹤去，此地空余黄鹤楼。黄鹤一去不复返，白云千载空悠悠。晴川历历汉阳树，芳草萋萋鹦鹉洲。日暮乡关何处是？烟波江上使人愁。

二、语言表达

（一）整体感受

形象感受、逻辑感受统称为具体感受。具体感受与整体感受都以文本为依据，但不可避免地掺杂着创作主体个人的感知、认识和修养。

（二）学生乐园

阳光不想回家（节选）
谢采筏
——人教版小学语文同步阅读二年级上册

阳光不想回家，
它要陪伴——
一位患风湿病的妈妈。

可是太阳公公拽它，

想拽它一道回家。
鸟雀归巢了，
牛羊下山了，它们都正在回家……

阳光不想回家，
不能让寒冷陪伴
这位患风湿病的妈妈。

聪明的孩子自有妙法：
它钻进晾晒的棉被，
它躲进棉裤棉袄，
它躲进太阳能热水器，
太阳公公再也找不到它。

朗诵时，内心要积极地调动起自己对妈妈的爱。在朗诵前作准备时，需要去理解"患风湿病"是怎样的一种感受，这样才能知道为什么阳光这么重要。

"钻""躲"两个词把太阳的温暖和孩子内心对妈妈的关怀结合在了一起，这时要积极地调动身体的运动与感受，就像阳光就是自己一样。

（三）训练节节高

1. 朗诵《阳光不想回家》（节选）这篇文章，体会两种感受的交叉并行，并自主地调动自己内心的感受、态度，与作者的态度、目的相结合。

2. 语音、调值准确，声音圆润，注意音色的明暗、刚柔、强弱变化与文章内容的融合。

三、即兴口语——倾听训练

（一）阐释内容

我们对说话人说的话是否听懂了、听明白了，通过阐释就可以检验。当我们听完对方讲话后，再用自己的语言方式和习惯把刚才听到的主要意思再讲一遍，甚至对方没有讲的，为了使大家听得更明白，也可以补充说明。

（二）学生乐园

听《最大的快乐》后，阐释文章的重要信息，弄清楚文章表达了怎样的思想感情。说说最大的快乐是什么。

最大的快乐

（三）训练节节高

1. 把今天上过的课，老师讲过的内容，选取一段进行阐释，要求清楚、明白、重点突出。

2. 向同学们阐释一段你听过的故事或新闻。

3. 听父母讲一个故事，之后对这个故事进行阐释、总结，说出你自己的想法和理解。

后 记

经课程研发团队反复讨论、辛勤研发、倾心编写，《青少年口语表达教程》小学部分1—6册即将付梓，欣喜之余笔者也感慨整个过程的艰辛与不易。

"中传花少"这个充满浪漫色彩的名字，是整个项目研发团队的名字，也寄托着我们对提升广大青少年口语表达能力的希望。它的得名一方面是因为团队的创始人和核心研发成员均来自国内知名传媒高等学府中国传媒大学；另一方面作为向全社会播撒传播学知识，尤其是口语传播学知识的学界专家和传媒行业从业者，希望进一步将口语传播学教育教学的火种播撒到全国青少年心中，让他们在花样年华里感受中华语言"说"出来的强大魅力和感召力。

"星星之火，可以燎原"，传播先进教育教学理念的"火种"还需一批具有服务意识、奉献精神，敢为天下先的有识之士共同开创。在口语传播教学法师资培训的课堂上我们将相互学习和交流，在青少年口语传播教学示范基地里我们将共同参与各项课题的实践、讨论和教研工作。

为响应教育部关于加强中小学生艺术素质测评的号召，考查和促进青少年口语传播教学成果，"中传花少"特联合中国传媒大学出版社在全国设立地市级青少年语言艺术素质测评中心。权威的专家、科学的测评、规范的标准让青少年更深切地感受口语传播教学的严谨、细致及系统学习下的突出效果和能力。今后我们还将陆续

推出针对学龄前儿童、初中生、高中生的口语表达教材,将口语传播学的知识纵深贯通,真正做到由下至上伴随式培养,全面提升中国人的口语表达能力。

此套丛书的顺利出版,得益于中国传媒大学出版社领导和专家学者的大力支持与悉心指点,他们为教材的研发、编创注入了源源不断的动力,同时,感谢本套书的责任编辑李水仙、蒋倩、李明三位老师的大力支持,为本书的策划、编写提供了大量宝贵意见。

口语传播是一门新兴学科,还有非常大的探索空间,编者虽竭尽所能,但本套教材仍难免有纰漏之处,还望广大热爱青少年口语传播的教师、读者指正。教育和培养青少年之路就在我们的心中、脚下,让我们一起为提高青少年口语能力竭尽"匹夫之责"!

图书在版编目(CIP)数据

青少年口语表达教程(第2册)/丁龙江主编. —北京:中国传媒大学出版社,2016.10
ISBN 978-7-5657-1766-6

Ⅰ.①青… Ⅱ.①丁… Ⅲ.①汉语—口语—语言表达—教材 Ⅳ.①H193.2

中国版本图书馆 CIP 数据核字(2016)第 176944 号

青少年口语表达教程(第2册)

QINGSHAONIAN KOUYU BIAODA JIAOCHENG(DI-ER CE)

主　　编	丁龙江
策划编辑	李水仙
责任编辑	李水仙　蒋　倩　李　明
责任印制	阳金洲
封面制作	珊　瑚
出版发行	中国传媒大学出版社
社　　址	北京市朝阳区定福庄东街1号　邮编:100024
电　　话	86—10—65450528　65450532　传真:65779405
网　　址	http://www.cucp.com.cn
经　　销	全国新华书店
印　　刷	廊坊市蓝海德彩印有限公司
开　　本	787mm×1092mm　1/16
印　　张	9
版　　次	2016年10月第1版　2016年10月第1次印刷
书　　号	ISBN 978-7-5657-1766-6/H·1766　　定价 45.00元

版权所有　翻印必究　印装错误　负责调换